Trouvez l'amour de votre vie, peu importe votre âge

Vous n'avez pas besoin d'autres astuces, conseils ni solutions pour trouver l'amour de votre vie, mais d'une seule stratégie qui fonctionne.

Par Claude Lasanté

ISBN 978-2-923727-65-3

Table des matières

Préface 7

LA PRÉPARATION AVANT LA RENCONTRE

Votre motivation et intention 11
Les 3 plus grands obstacles pour rencontrer quelqu'un 21
Les mythes de la compatibilité amoureuse 33
Êtes-vous prêt à rencontrer l'amour de votre vie ? 47
Où pouvez-vous trouver l'amour de votre vie ? 61

LA CONVERSATION PENDANT LA RENCONTRE

Les approches à ne pas faire 69
L'action inconfortable est la véritable confiance en soi 75
Une discussion intéressante n'est pas un interrogatoire 83
Partez pendant que le désir de rester est présent 101

LA DÉCISION APRÈS LA RENCONTRE

Que faire après une première rencontre réussie ?	103
Comment réussir un premier rendez-vous ?	119
Comment savoir si l'autre vous aime sans lui demander ?	133
La déclaration d'amour	143

Préface

Imaginez que vous venez de rencontrer une personne qui vous plaît et qui vous intéresse vivement, n'êtes-vous pas rempli de doutes, afin de savoir si c'est réciproque pour l'autre ?

Ce doute est une chose saine, très saine, car il vous motive à faire quelque chose de neuf.

Vous choisissez de faire des actions aimables sans y être obligé afin de créer dans l'âme de l'autre, des sentiments de bien.

Quel est votre sentiment, quand vous créez du bien-être chez les autres ? Votre bonheur ne dépend pas de l'autre, mais bien de vous, n'est-ce pas ?

Tout commence par soi, vraiment tout !

L'enfant qui apprend à marcher tombe et retombe, mais il se relève et arrive un moment où il marche. La joie, la très grande joie se voie sur son visage et la fierté dans ses sentiments d'avoir réussi ce qu'il voulait faire.

La véritable confiance en soi débute toujours par quelque chose d'inconfortable, et ensuite produit une situation joyeuse et merveilleuse.

En fait, la peur se crée lorsque vous croyez que vous aurez un sentiment confortable dans votre prochaine rencontre amoureuse, au lieu de croire que vous aurez un sentiment inconfortable de toute façon, une incertitude.

De plus, lorsque vous cherchez des solutions, des astuces, des trucs, des conseils pour avoir plus confiance en vous, vous croyez qu'avec cela, vous aurez un sentiment confortable, mais il n'en est rien.

L'amour de votre vie n'est pas rare !

Chaque fois où vous rencontrez quelqu'un avec qui vous êtes bien et qui vous plaît, alors cela est une magnifique occasion pour vous de trouver l'amour de votre vie.

Les occasions ne manquent vraiment pas, ce qui manque est votre inconscience de croire que l'amour de votre vie doit combler tous vos besoins et désirs.

N'étiez-vous pas heureux, lorsque vous aviez des doutes et choisir de créer consciemment, du bien-être à l'autre en sachant que cela apportait aussi votre propre bien-être ?

En fait, vous ne pouvez pas trouver l'amour de votre vie, mais vous pouvez le créer en étant **l'amour dans la vie de l'autre**.

Voilà la stratégie qui fonctionne !

D'être pour l'autre, ce que vous voulez que l'autre soit pour vous et ainsi en faire l'expérience pure.

Claude Lasanté

LA PRÉPARATION AVANT LA RENCONTRE

Votre motivation et intention

Qu'est-ce qui vous pousse, vous donne l'élan, vous motive à vouloir rencontrer quelqu'un ? Y avez-vous déjà songé ?

- Remplir un vide ;
- Vous faire aimer ;
- Quelqu'un à aimer ;
- Mettre fin à votre solitude ;
- Apaiser votre ego ;
- Montrer votre réussite ;
- Être reconnu et important ;
- Vous rétablir d'une dépression ;
- Améliorer votre vie sexuelle ;
- Guérir d'une peine d'amour ;
- Soulager votre ennui.

En fait, aucune de ces raisons ne fonctionnent et, à moins d'un changement radical en cours de route, aucune transformation ne se produira dans votre relation.

Le problème n'est pas les gens, mais la croyance.

La véritable intention ou le but d'une relation amoureuse est de décider quelle part de vous-même vous aimeriez voir apparaître, et non quelle part de quelqu'un d'autre vous pouvez vous approprier, contrôler et retenir.

Ainsi, la plupart des gens entrent en relation en ayant à l'esprit ce qu'ils peuvent en tirer, ce qu'ils peuvent obtenir, au lieu de ce qu'ils peuvent y apporter.

De retirer du bonheur et de la satisfaction.

Cette croyance est profonde, car lorsque des milliards de gens y croient, il est très difficile de ne pas y croire !

Mais peu importe la croyance, est-ce que cela vous sert pour vivre des relations saines et justes ?

De ne pas vous voir comme des adversaires, mais comme des partenaires ?

Et à voir les conséquences dans les relations, il y a quelque chose qui ne fonctionne pas avec cette croyance !

Votre mémoire est l'obstacle majeur qui tue toute nouvelle motivation

Lorsque vous n'aviez jamais expérimenté une rencontre ou une relation amoureuse, vous n'aviez rien dans votre mémoire. Vous agissez avec incertitude et avec confiance afin de vivre une nouvelle expérience inconnue.

Lorsque vous vivez des expériences malheureuses, votre mémoire crée des barrières, des limites, des contraintes. Vous réagissez avec peur, avec méfiance, afin de ne pas revivre les mêmes expériences connues.

Lorsque vous écoutez les autres sans avoir vécu d'expérience, vous accumulez des mots dans votre mémoire. Vous n'agissez pas et vous ne réagissez pas, donc vous attendez et n'avez pas d'initiative. Vous parlez beaucoup sans faire d'action.

Par conséquent, votre mémoire est l'obstacle majeur qui vous empêche d'être motivé à choisir de nouvelles expériences, de choisir de nouvelles relations.

La mémoire est très utile pour refaire les mêmes choses, mais totalement inutile dans les relations qui sont toujours de nouvelles expériences.

Est-ce que votre mémoire vous empêche de croire à autre chose ?

L'âme crée et la mémoire recrée

Si vous désirez trouver l'amour de votre vie, vous devez éviter de répéter les mêmes expériences.

Vous devez éviter également, d'écouter ces milliards de gens qui répètent sans cesse, que l'autre doit vous rendre heureux et que vous devez rendre l'autre heureux.

En d'autres termes, vous devez choisir autre chose de complètement différent des autres.

Cette différence est celle de créer l'amour de votre vie, non de recréer ce qu'il n'est pas par vos habitudes, vos croyances, votre mémoire.

L'âme crée à partir du présent, à partir du sentiment présent, tandis que la mémoire recrée à partir d'une idée passée qu'elle cherche à faire continuer dans l'avenir, car ce qui est connu est confortable, peu importe si cela fonctionne ou non.

Par exemple, vous avez vécu une expérience douloureuse lors d'une dernière rencontre et votre mémoire s'en souvient.

Elle ne veut pas que vous reviviez cela et alors elle résiste. Plus elle résiste, plus vous vous en souvenez.

C'est ce souvenir qui vous empêche de faire une nouvelle action et vous ne pouvez pas l'oublier même si vous dites que vous allez l'oublier.

Pour vous libérer de cela, vous ne devez pas l'oublier, mais l'accepter. Accepter que cela n'a pas fonctionné, accepter votre choix moindre et ainsi vous donner l'opportunité de faire un nouveau choix, un choix plus élevé.

Ce nouveau choix est un nouvel état d'être en relation avec les autres.

Par conséquent, si vous voulez des résultats différents, vous devez prendre conscience de votre âme, de vos sentiments ou états d'être et ainsi choisir ce qui est inconnu de votre mémoire, ce qui est nouveau, non ce qui est connu.

La mémoire ne peut pas créer du neuf, elle ne peut que recréer du vieux, du connu. C'est l'âme qui indique un nouveau choix de création, mais c'est l'esprit qui décide.

Quelle est la source de votre motivation ?

Votre véritable motivation a toujours sa source dans le connu ou dans l'inconnu. Selon un sentiment connu ou un état d'être inconnu.

Donc, entre ce qui est présent et ce que vous choisissez d'être.

Si le sentiment connu est confortable (bien), vous réagissez avec assurance de le refaire.

Si le sentiment connu est inconfortable (mal), vous réagissez avec la peur qui empêche de le refaire.

Dans ces deux situations, qu'avez-vous pris conscience ? Absolument rien, n'est-ce pas ? Votre motivation de faire un nouveau choix est inexistante.

Par exemple, vous avez été rejeté deux fois par des personnes que vous aviez envie de rencontrer, et maintenant vous hésitez à faire une nouvelle rencontre.

Cette hésitation est une peur, une peur de revivre le connu qui est inconfortable.

Comment faire une nouvelle rencontre, avoir de l'initiative, quand cet inconfort, cette peur est présente en vous ?

Comment vous libérer de cet inconfort ?

La plupart des gens vont vous dire que vous devez agir et foncer avec confiance. Et c'est exactement de cette façon que vous allez vous blesser et détruire toute motivation.

En vérité, foncer sans avoir eu l'intention de comprendre votre sentiment inconfortable va reproduire le même sentiment inconfortable chez l'autre et vous faire rejeter de nouveau.

Lorsque vous acceptez et avez l'intention de comprendre votre sentiment inconfortable en relation avec le rejet de l'autre, alors vous vous libérez de la peur et ainsi faire entrer en vous, un nouvel état d'être, un nouveau choix d'être afin d'aborder quelqu'un différemment, donc avec une nouvelle approche.

Vous choisissez une nouvelle façon d'être qui pourrait plaire à l'autre, qui pourrait faire du bien à l'autre, non d'oublier l'autre, comme vous avez fait pour les rencontres passées où vous avez été rejeté.

En d'autres termes, vous devez changer votre intention.

Comment changer votre intention ?

L'intention, le but, est ce que vous cherchez à faire pour arriver à produire ce que vous aimeriez réaliser tout en étant attentif à ce que l'autre aussi a comme but.

Par habitude apprise, la plupart des gens entrent en relations en ayant à l'esprit ce qu'ils peuvent en tirer.

Maintenant, vous avez un nouveau choix, vous entrez en relation en ayant à l'esprit ce que vous pouvez apporter à l'autre pour son bien-être.

Vous ne cherchez pas à donner quelque chose à l'autre afin d'avoir un retour, car cela est également d'avoir à l'esprit, de retirer quelque chose au moyen d'une échange.

Vous apportez une façon d'être dans votre relation avec l'autre en sachant que vous le faites pour votre bien aussi.

Choisissez-vous d'être juste, aimable, attentif, respectueux, tolérant, généreux, souriant, sincère, honnête, compatissant, drôle, etc.

Vous comprenez maintenant, que vous n'aviez jamais entré en relation en étant attentif à vous et en offrant des états d'être aimables à l'autre. Vous étiez endormi dans une profonde croyance de vouloir quelque chose de l'autre.

Le bien-être des deux, donc le sentiment de bien des deux, est le seul but qui fonctionne dans une relation, car l'amour n'est pas une chose personnelle, mais une chose relationnelle.

Les 3 plus grands obstacles pour rencontrer quelqu'un

L'amour de votre vie est rarement la première personne que vous rencontrez et alors, vous aurez à surmonter certains obstacles pour y parvenir.

Lorsque vous comprenez le rejet, la timidité et l'apparence, alors vous êtes en mesure de rencontrer, d'aborder n'importe qui avec confiance.

Êtes-vous hésitant à faire les premiers pas dans une rencontre ? Sentez-vous un grand inconfort, un profond malaise ?

Je vous comprends, car j'ai moi aussi expérimenté cela et la plupart des gens l'ont vécu, mais si vous cherchez des solutions, sans comprendre votre situation, alors vous vous exposez à de plus grandes difficultés pour rencontrer quelqu'un.

Vous risquez même de vivre dans la peur qui va vous paralyser et qui va tuer toute initiative pour rencontrer une personne intéressante.

Un problème ne se solutionne pas avec une solution à faire

Le rejet, la timidité ou l'apparence physique est très simple à surmonter, mais parce que vous avez une profonde croyance dans votre façon de solutionner un problème, alors vous réagissez par une habitude qui ne fonctionne pas.

Cette profonde habitude est celle de vouloir trouver une solution à un problème.

Encore une fois, lorsque des millions de gens, voire des milliards, croient qu'un problème se résout avec une solution, alors il est difficile de ne pas y croire.

Cela peut paraître étrange, mais solutionner un problème n'est pas en recherchant des idées à faire hors de vous pour corriger votre situation. En cherchant des solutions hors de vous, alors vous vous éloignez, vous fuyez la véritable solution, vous êtes la solution et ce que vous avez faire est de : NE RIEN FAIRE IMMÉDIATEMENT.

Vous devez accepter et comprendre que les autres ne sont pas la solution à votre problème.

Vous êtes celui qui vit le rejet, vous êtes celui qui est timide et vous êtes celui qui croit que l'apparence physique est la seule chose qui compte pour rencontrer quelqu'un.

Chercher une solution chez les autres, sans comprendre d'abord qui et comment le problème a été créé, est une des plus profondes croyances qui ne fonctionne pas et si vous ne changez pas cette croyance, alors rien ne va changer, peu importe ce que vous allez faire.

Pour changer une croyance, il faut observer, accepter et comprendre la situation actuelle, le problème, sans porter de jugement ni le condamner afin de faire entrer dans votre esprit, un choix plus élevé.

Car en l'absence de choix, aucun choix n'est possible.

Vous devez observer, accepter et comprendre, le rejet, la timidité et l'apparence. Vous devez éviter de réagir en cherchant une solution, car ainsi vous fuyez, vous avez peur de vous connaître tel que vous êtes.

1. Le rejet est une chose nécessaire

Lors de mes premières rencontres avec les filles, je n'étais pas conscient qu'elles avaient aussi des préférences, des goûts et que cela était parfaitement naturel.

Le rejet des filles m'a fait comprendre que je ne pouvais pas plaire ou intéresser tout le monde et pas tout le monde pouvait me plaire ni m'intéresser.

Cependant, la réaction des filles qui étaient en groupe me faisait mal, car le rejet était plutôt une façon de me ridiculiser. J'ai compris ensuite, de toujours aborder une fille qui était avec une autre fille ou seule, car les filles en groupe n'ont pas l'intention de rencontrer quelqu'un, mais de s'amuser ensemble.

En d'autres occasions, la fille n'avait pas d'intérêt, mais au lieu de me dire sa vérité dès le début, elle la dissimulait, et alors, je persistais en ne sachant pas ce qui se passait et pourquoi elle avait une attitude plus ou moins intéressée. Et puis, elle me rejetait sans que je sache pourquoi. J'ai compris que plusieurs filles ne disaient pas leur vérité par manque de confiance en elles.

Le rejet m'a aussi fait comprendre, que je pouvais me faire rejeter selon ma façon d'être dans une relation. J'ai compris que je pouvais plaire à une fille, mais cela était insuffisant pour avoir une conversation intéressante.

Le rejet m'a également crée une peur, une peur qui paralyse mes actions pour rencontrer quelqu'un. Les rejets expérimentés ont créé en moi, des sentiments malheureux et au moment de vouloir aborder quelqu'un, ces souvenirs venaient me hanter et ainsi remettre à plus tard ou à jamais l'action.

Ainsi, le rejet est nécessaire pour comprendre les autres et me comprendre.

Mais en portant un jugement de mal sur le rejet, en portant un jugement de mal sur mes sentiments, alors j'évitais de comprendre la situation et ainsi reproduire en moi, la peur du rejet.

Ce qui importe est de déterminer immédiatement, si l'autre a un intérêt sincère envers nous. De poser une question afin d'obtenir une réponse « oui ».

« J'aimerais discuter avec toi, est-ce que tu me donnes ta permission ? »

Une réponse « oui » est essentielle afin de ne pas avoir de doutes.

Toute autre réponse est un « non » déguisé.

2. La timidité est un manque d'intérêt envers les autres

La timidité n'a rien à voir avec le fait de parler peu. Souvent, la gêne ou la timidité survient généralement, en relation avec quelqu'un que l'on ne connaît pas.

Avec les inconnus, nous ne savons pas quoi parler et alors on arrive à croire à tort, que la timidité est dans le fait de ne pas parler.

Rien n'est plus éloigne de la vérité !

Le plus difficile à faire dans une nouvelle rencontre n'est pas de faire les premiers pas, mais de continuer une conversation intéressante, une fois que vous avez fait les premiers pas.

C'est là que la timidité prend naissance, c'est là qu'arrive la peur d'avoir un blanc de mémoire, et c'est souvent durant ce moment, que vous pouvez être rejeté, car vous ne savez pas quoi dire qui pourrait intéresser l'autre.

Et savez-vous ce qui intéresse le plus les autres personnes, toutes les autres personnes ?

Eux-mêmes, tout simplement ! Tout comme vous ! Tout comme moi !

Alors ne cherchez pas à parler de vous, mais ayez l'intention de vouloir connaître les autres concernant ce qui les passionne dans leur vie ou ce qu'ils n'aiment vraiment pas ?

La timidité est une habitude apprise, une profonde inconscience de ne pas s'intéresser aux autres, donc d'être concentré sur vos désirs.

Et lorsque vous avez de l'intérêt envers les autres, alors ils en auront envers vous de façon naturelle et sans aucun effort.

3. L'apparence est insuffisante pour séduire

Je regardais cette fille au loin et j'appréciais sa beauté. Mon esprit me disait, Claude elle est trop belle pour toi ? Donc ma peur venait de la comparaison, de ne pas être à la hauteur pour elle.

Mais avez-vous constaté, que c'est souvent ceux qui ont une apparence ordinaire qui rencontrent des personnes moins superficielles et de belle apparence ?

Notre monde met tellement l'importance sur la beauté physique, que nous croyons presque tous, que l'apparence est la seule valeur qui compte dans les rencontres.

Ainsi, les gens croient qu'ils doivent tout faire pour plaire ou séduire les autres afin d'être remarqués, être une belle image, être à la hauteur.

Est-ce que l'apparence est pour compenser leur peur du rejet en cherchant à ce que les autres fassent le premier pas ?

Est-ce que l'apparence est pour compenser leur timidité en cherchant à ce que les autres lancent la conversation ?

Il est tout à fait correct et sain d'avoir une belle apparence, mais si vous désirez rencontrer et trouver l'amour de votre vie, vous devez voir plus loin que les apparences.

Voir que l'obsession à propos de l'apparence physique cache de profondes peurs.

Cela ne veut pas dire de négliger ou d'oublier les apparences, cela veut dire qu'un être humain est beaucoup plus qu'une image.

La véritable séduction dans une rencontre réside à la fois dans l'apparence, la confiance et l'attitude d'une personne dans la relation, non dans la beauté physique uniquement.

Agir avec confiance, c'est accepter et comprendre vos peurs

Vous ne pouvez pas avoir de l'initiative pour rencontrer quelqu'un, si vous n'acceptez pas et ne comprenez pas vos peurs.

- La peur du rejet ;
- La peur de ne pas savoir quoi dire ;
- La peur de ne pas être à la hauteur.

En les comprenant, vous les dépassez, mais en les niant ou les oubliant, vous ne faites que leur donner plus de force, plus de pouvoir dans vos croyances inconscientes.

La plus grande peur est celle d'affirmer que vous n'avez pas peur !

La confiance n'est pas l'absence de peur, mais l'acceptation de la peur et ainsi choisir de surmonter cet inconfort sans connaître les résultats.

Les mythes de la compatibilité amoureuse

Plus vous comprenez les mythes concernant la compatibilité amoureuse et plus votre choix de partenaire sera juste et bon.

La plupart des gens sont comme vous, ils veulent se protéger des douleurs et des malheurs possibles qui pourraient arriver dans leur prochaine relation amoureuse.

Cependant, c'est en voulant éviter de vivre des problèmes, que vous fermez votre esprit à de nouvelles possibilités de rencontre.

Chercher à savoir si l'autre est compatible avec vous, c'est vive dans l'inquiétude toute votre vie et ainsi oublier de vous observer afin d'évoluer en conscience.

Pourquoi cherchez-vous à savoir si l'autre est faite pour vous, si c'est la bonne personne ?

Cherchez-vous quelqu'un qui va exécuter vos ordres, vous obéir, vivre que pour vous ?

Mais avez-vous pensé si vous étiez la bonne personne pour l'autre ?

Voici les mythes de la compatibilité amoureuse qui empêchent de rencontrer, de trouver, l'amour de votre vie.

Mythe 1. Vivre en voulant des garanties

Allez-vous voir deux fois le même film au cinéma ? Moi, ça ne m'est jamais arrivé !

La vie par sa nature n'est pas un scénario de film qui se répète, mais nous voulons le confort et la sécurité qui produisent la monotonie sans surprise ni nouveauté.

Alors pourquoi cette intention de rechercher une certaine compatibilité ou garantie ?

N'est-ce pas un réconfort désiré avant de vivre votre prochaine relation d'amour ?

Et si vous cherchez du réconfort, n'est-il pas juste de dire que vous avez déjà vécu des déceptions amoureuses ?

Ainsi, ce n'est pas de l'inconnu que vous avez peur, mais bien du connu malheureux ou douloureux que vous ne voulez pas revivre !

La sécurité est la peur de vivre des problèmes et alors, vous cherchez des garanties.

Cependant, la vie par sa nature est remplie de problèmes, car ils sont des opportunités de création et d'évolution.

Mythe 2. Mesurer votre compatibilité amoureuse

Lorsque vous avez à l'esprit de savoir si vous êtes compatible dans une relation amoureuse avec quelqu'un, vous pensez, n'est-ce pas ?

Vous pensez aux valeurs qui comptent le plus pour vous. Vous pensez en terme de gain, de profitabilité, en avoir plus ou avoir peur d'en avoir moins, donc en terme de limitation des dégâts ou d'avantages optimaux.

... et vous oubliez vos sentiments, vos vérités, votre bien-être, votre amour.

Est-ce que vos sentiments ne sont pas ce qui comptent le plus pour vous et pour l'autre ?

Avez-vous oublié vos véritables valeurs en tant qu'être humain ?

Parce que vous n'êtes pas conscient de vos sentiments ni ceux de l'autre dans une relation, alors vous cherchez des moyens pour mesurer votre niveau de compatibilité afin de vous faire croire que vous n'aurez pas ou peu de problème avec cette personne.

Mais, la seule mesure de compatibilité amoureuse se trouve dans vos sentiments de l'âme et il en est de même pour l'autre.

Toute autre solution ou moyen à faire pour mesurer votre compatibilité amoureuse est une fiction, une tromperie pour vous manipuler et profiter de vos inquiétudes.

Mythe 3. Faire un test de compatibilité amoureuse

Je regardais les tests de compatibilité amoureuse sur Internet et j'ai peine à croire qu'ils sont populaires à ce point ! Des sites très populaires et mêmes très crédibles ont leurs tests.

En vérité, s'ils étaient vraiment sérieux pour mesurer la compatibilité amoureuse, il n'y aurait qu'un seul test qui existerait !

Pourquoi alors, ils sont tous différents ? Cela ne démontre-t-il pas que ceux qui les écrivent ne savent vraiment pas ce qu'ils font ?

Le problème avec ces tests de compatibilité amoureuse est qui écrit les questions, les réponses et l'interprétation des résultats !

Les gens se croient encore à l'école et les habitudes de mesurer l'intelligence au moyen de tests refait encore surface. En fait, on ne mesure que le passé, la mémoire du connu, l'accumulation de mots pour ainsi dire.

Comment pouvez-vous savoir d'avance les sentiments et les intentions des gens dans une quelconque situation ?

En utilisant un test, vous oubliez les relations et vous mettez l'importance sur les mots.

Mais la véritable intelligence est celle de bien s'entendre dans les relations, donc en ayant l'intention de comprendre vos sentiments et vos intentions à tous les deux à chaque instant, puis de les communiquer à l'autre.

Mythe 4. Avoir les mêmes qualités et goûts

Vous pensez à la compatibilité amoureuse selon le même style de vie, la même valeur en argent, la même manière de dépenser, les activités ou sorties similaires, les mêmes goûts ou sensations, les mêmes attributs.

Plus vous êtes similaires et plus vous croyez êtres compatibles en amour.

Est-ce que vous appréciez les différences ?

Ainsi, durant une rencontre amoureuse, vous cherchez à rassembler le plus de ces qualités et ces goûts afin de vous épater mutuellement pour être plus compatibles.

Il ne vous vient jamais à l'esprit, que vous mentez afin de créer une belle image, une fausse information qui pourrait compromettre la situation. Le mensonge en amour est une infidélité envers soi-même.

Chercher à être à la hauteur est une habitude qui semble acceptable, mais à moyen terme, elle détruit votre propre confiance et celle envers l'autre.

Avoir des qualités et des goûts semblables ne construisent pas de ponts dans une relation, mais bien des murs au moyen du mensonge à vouloir se montrer compatible.

Mythe 5. Énumérer des attitudes positives

Une personne qui se sait honnête, respectueuse, aimable, souriante, agréable et généreuse n'a pas besoin de le prouver avec les mots, car sa façon d'être suffit. Seule une personne qui ne l'est pas va chercher à le démontrer, à le prouver, afin de vous le faire croire !

Pourtant, c'est l'honnêteté et la vulnérabilité qui sont les signes de la confiance en soi et créent dans l'âme de l'autre, un sentiment de bien, peu importe les qualités ou les goûts.

Combien de fois avez-vous dit durant une rencontre amoureuse ces choses :

- Je me sens inconfortable de te parler ;
- Je suis mal à l'aise avec un inconnu ;
- J'ai un sentiment étrange avec toi ;
- Je ne suis pas la meilleure personne ;
- Je ne connais pas cela ;
- J'aime ta façon d'être ;
- Je suis timide et peu confiant ;
- As-tu une idée comment ôter ma gêne ?

La vérité n'est pas ce que vous dites, mais bien ce que vous êtes en annonçant, en exprimant vos sentiments.

L'amour est ce que vous sentez pour quelqu'un, peut importe la compatibilité.

Vous pouvez être bien avec quelqu'un qui n'est pas compatible selon vos valeurs, vos goûts, car il est gentil, compassant, empathique, généreux, altruiste, attentif ou ouvert d'esprit. Vous l'aimez pour ce que vous sentez lorsqu'il est avec vous.

Aimer quelqu'un est de voir son âme et se dire : « Quelle belle personne. »

Mais vous ne pouvez pas voir leur âme, si vous ne voyez pas la vôtre et vous dire « Quelle belle personne que je suis. »

Mythe 6. Avoir un haut niveau de respectabilité

Notre enseignement a mis trop l'importance sur les accomplissements et oublié la relation. Ainsi, vous grandissez avec l'idée de trouver quelqu'un qui a le même niveau d'éducation que vous et des professions qui sont au même niveau ou près.

Vous pensez à la compatibilité amoureuse en termes de partage du même style de vie que procure votre éducation, votre travail, etc.

Si vous avez à l'esprit ce genre de compatibilité amoureuse, alors vous vivez selon des attentes et des conditions qui vont vous rendre malheureux, car l'image de respectabilité aux yeux des autres est plus importante que votre bien-être.

En fait, vous regardez chez l'autre, ce que vous pouvez obtenir et s'il y a quelque chose qui vous intéresse, alors votre mode de penser vous dit que cette personne pourrait être compatible avec vous.

Elle va apporter une image respectable pour nourrir votre ego !

L'amour n'a pas de condition d'échange ni d'image de respectabilité !

La respectabilité est une malédiction. C'est un mal qui ronge l'esprit et le coeur. Il s'insinue à l'intérieur d'un homme à son insu et il détruit l'amour.

Mythe 7. Se réconforter avec les sciences occultes

Les gens ont tellement peur d'avoir mal à nouveau dans une relation amoureuse, qu'ils cherchent des garanties, des réconforts dans la compatibilité amoureuse en utilisant des moyens basés sur la chance ou le hasard.

Avez-vous déjà entendu parler de compatibilité amoureuse ? :

- Par les dates de naissance ;
- Par les signes astrologiques ;
- Par les prénoms ;
- Par les nombres ou la numérologie ;
- Par les signes chinois.

Ces solutions séduisent les gens craintifs qui cherchent à ce que les autres leur disent qui pourrait être compatible avec eux et ainsi ne pas avoir à penser ni à sentir et attendre des miracles qui n'arriveront jamais.

Ils utilisent votre vulnérabilité et votre inconscience afin de vous faire croire que les astres, les noms, les numéros ou toutes sortes de symboles sont précis et peuvent remplacer votre liberté de choisir, car n'oubliez-le pas, vous ne voulez pas revivre les mêmes déceptions !

En vous donnant les sciences occultes comme bouc émissaire, comme excuse, alors vous avez une échappatoire pour vous dégager de votre responsabilité concernant votre vie amoureuse.

L'engagement selon la compatibilité

Quelqu'un qui ne s'engage pas sérieusement envers personne sera incompatible avec tout le monde.

Mais ceux qui sont plus ouverts d'esprit, honnêtes, aimables et attentifs sont compatibles avec beaucoup de gens, peu importe leurs valeurs, leurs goûts, leurs qualités ou leurs préférences.

Chercher à savoir si vous êtes compatible dans une rencontre amoureuse, c'est être perdu dans la peur avant de commencer !

En vérité, nous sommes tous différents, alors pourquoi chercher des similitudes ?

Êtes-vous prêt à rencontrer l'amour de votre vie ?

Trop souvent, vous cherchez l'amour de votre vie en observant les autres, mais rarement, vous vous observez pour savoir si vous pouvez l'être pour les autres !

L'amour de votre vie n'arrive pas par hasard. Il survient, lorsque vous n'avez plus d'attentes, quand vous êtes conscient d'apporter du bien-être aux autres sans exiger rien en retour.

Faites confiance à vos sentiments !

Comme la plupart des jeunes adultes, j'ai passé par des périodes où j'ai aimé être célibataire et d'autres fois où j'ai détesté l'être.

J'ai eu des relations où j'étais fou amoureux et d'autres moments où j'étais fou tout simplement.

J'étais le type de garçon qui dépendait de l'autre, j'avais besoin de l'amour de l'autre, et je restais longtemps dans une relation qui ne fonctionnait pas.

Il n'est pas toujours facile de mettre fin à une relation malsaine. Nous croyons que la relation va changer, mais je me suis trompé à chaque fois.

Cela m'a mis dans une nouvelle perspective, soit celle de faire confiance à mon intuition, à mon sentiment d'être par rapport à quelqu'un et ainsi me guider vers un lieu de paix, de bonheur et d'amour-propre.

J'ai compris que j'avais l'habitude de croire que mon bonheur dépendait de l'autre et cela m'a fait oublié de m'observer, d'observer mes états d'être dans la relation. C'est alors que ma femme est arrivée dans ma vie, l'amour de ma vie.

Voici 15 signes si vous êtes prêt à rencontrer l'amour de votre vie et vivre une relation épanouissante.

1. Vous êtes un adulte responsable

Être un adulte ne signifie pas que vous avez l'âge requis. Loin de là ! Cela signifie que vous savez que vous et seulement vous, êtes responsable de votre vie.

Qu'il s'agisse de payer vos factures ou de dire que vous êtes désolé, vous savez comment prendre la responsabilité de vos actions et de vos comportements qui ont produit des problèmes dans la vie des autres et la vôtre.

Blâmer les autres ou la malchance, vous croire une victime ou vous justifier de ce qui vous arrive est la démonstration de quelqu'un d'irresponsable.

En fait, vous êtes en mesure de comprendre sur ce qui s'est passé, sur les choses qui vous ont servi ou non et faire un nouveau choix, si c'est le cas.

2. Savoir ce que vous voulez

Vous ne pouvez pas avoir ce que vous voulez dans la vie, si vous ne savez pas exactement ce qu'est votre désir. Cela semble tellement évident, mais les gens veulent seulement obtenir une version floue de leur désir, une version superficielle.

Vous ne pensez pas en vous disant « je veux un partenaire intelligent ». Au lieu de cela, vous savez exactement ce qu'est l'intelligence pour vous.

Et pour vraiment savoir ce que vous voulez, vous savez aussi ce que vous ne voulez pas et ainsi pouvoir choisir consciemment.

3. Vous êtes un égoïste conscient

Une des plus profondes croyances dans une relation amoureuse est celle de croire que vous devez rendre l'autre heureux et ainsi vous oublier.

Si vous faites tout ce qui fait du bien à l'autre sauf à vous-même, alors vous aurez du ressentiment, de la colère et des attentes.

L'amour-propre n'est pas de l'égoïsme. Cette croyance vient des gens qui veulent vous contrôler à satisfaire leurs désirs égoïstes en vous oubliant. Ils vous culpabilisent si vous faites quelque chose qui vous fait du bien ou si vous ne faites pas quelque chose pour leur bien-être.

L'amour n'est pas une chose personnelle (vous ou l'autre), mais une chose relationnelle (vous et l'autre).

4. Vous avez l'intention de vous connaître

La connaissance de soi est le début de la sagesse. Être attentif à vous, c'est vous observer dans la relation afin de vous voir tel que vous êtes.

Les gens qui ont l'intention de se connaître sont plus enclins à identifier un partenaire qui les intéresse tout en maintenant leur liberté et leur croissance personnelle.

Se connaître est uniquement possible dans l'action, laquelle est la relation.

Être avec l'amour de sa vie est une merveilleuse occasion d'évolue ensemble et se guérir des blessures en voyant l'autre comme un partenaire, non comme un adversaire.

5. Vous n'utilisez pas quelqu'un pour faire ce que vous n'aimez pas faire

Vous avez des priorités, des objectifs et des passions. Peut-être que vous aimez la cuisine ou la lecture de la poésie.

Quoi qu'il en soit, vous avez une vie qui est la vôtre et lorsque vous vous sentez insatisfait, vous prenez des mesures afin de faire des changements dans votre vie.

Vous n'attendez pas que l'autre soit votre sauveur ou vienne corriger la situation que vous n'aimez pas, car vous avez le pouvoir d'y arriver. Cela ne veut pas dire que l'autre ne peut pas vous aider, cela veut dire que vous n'utilisez pas les autres pour faire ce que vous pouvez faire.

6. Vous n'essayez pas de changer quelqu'un

Vous avez des habitudes et les autres aussi. Bien que vous trouvez certaines de leurs habitudes ennuyeuses ou différentes des vôtres, vous savez comment accepter les gens tels qu'ils sont, non selon ce qu'ils devraient être.

Ne pas accepter les gens, c'est nier qui ils sont et cela cause de nombreux conflits dans les relations.

Votre capacité à accepter et à comprendre les gens permet de créer des relations saines et éviter de créer des relations malsaines.

7. Vous êtes émotionnellement et physiquement disponible

Les sentiments sont des émotions exprimées et font partie de notre nature humaine.

Avez-vous du temps à consacrer à votre partenaire lors des situations où il pourrait vivre quelque chose de difficile ?

Forcer ou demander à l'autre de contrôler, de maîtriser ou de gérer ses émotions est une des choses les plus inconscientes qui existe, peu importe votre niveau d'éducation.

Est-ce que l'amour de votre vie est un meuble sans vie ? Êtes-vous un meuble ?

Les gens qui sont de bons partenaires sont ceux qui veulent vraiment être dans une relation et comprendre l'autre sans lui apporter de solution, mais apporter des questions pour lui redonner son pouvoir.

Redonner le pouvoir aux autres, c'est ne pas donner de réponses, mais lui faire remarquer que l'information est déjà en lui et ainsi l'aider à prendre la meilleure décision pour lui.

8. Vous êtes un bon auditeur

Écouter quelqu'un est bien, mais s'intéresser à lui est mieux.

Souvent, nous écoutons quelqu'un, car il détient une forme d'autorité sur nous, cela n'est pas l'écoute ni le respect, mais son contraire.

Écouter les problèmes de l'autre ou autres situations, c'est chercher à mieux comprendre avec des questions, car ainsi notre attention est totale. Cela apporte un sentiment à l'autre d'être vraiment compris et ainsi se libérer de leur fardeau.

De plus, si vous pouvez aller déjeuner avec votre amoureux sans constamment vérifier Facebook ou vos textos, vous êtes déjà différent de la plupart des gens !

9. Vous communiquez de façon honnête

Il y a une grande différence entre la communication et la communication honnête. Vous indiquez comment vous vous sentez sans jouer à des jeux de cache-cache.

Vous savez comment exprimer vos sentiments et vos intentions plutôt que d'accuser ou de juger les autres.

Par exemple, vous savez que dire : « je me sens mal d'aller voir cette personne », donne de meilleurs résultats que de dire « j'ai pas envie de perdre mon temps avec cette personne monotone ».

10. Vous acceptez les défauts même si vous ne les aimez pas

Les défauts des autres sont vos défauts présentement corrigés et vos défauts sont les défauts des autres aussi corrigés.

Donc, vous acceptez les défauts des autres, car il n'y a rien de mal compte tenue de notre modèle de monde à chacun.

Nous ne pouvons pas toujours agir et paraître parfait aux yeux des autres tout le temps. En vérité, la perfection est de comprendre que ce qui est parfait est simplement le processus de la création de soi afin de s'améliorer selon notre rythme et notre liberté.

11. Vous connaissez le sens de l'égalité

Vous savez qu'une relation juste ne veut pas dire que tout est 50 % chacun.

La liberté de choisir d'apporter quelque chose à l'autre sans obligation ni condition est l'essence même de l'amour. Cela ne signifie pas que l'autre peut abuser de votre générosité au nom de l'amour, cela veut dire que la justice n'est pas un résultat suite à une action, mais une façon d'être, peu importe l'action.

L'égalité n'est pas l'égalité des faits. Être égale, c'est avoir une chance égale ou avoir un pouvoir égal, mais l'égalité des faits est mortelle, car souvent l'autre ne peut pas produire les mêmes résultats, car les chances ne sont pas égales dès le départ.

12. Gagner ou perdre vous importe peu

Souvent dans une discussion, les gens aiment avoir raison, aiment gagner la bataille, avoir le dernier mot afin de ne pas perdre la face, d'être à la hauteur ou meilleurs que les autres.

Vous savez que donner tort à l'autre est le début des désaccords qui provoquent des conflits, alors vous cherchez toujours à donner raison à l'autre et à vous. Jamais vous ne donnez tort à l'autre et en vous donnant tort, vous observez que l'autre cherche à vous donner raison, à vous défendre.

Ce qui compte n'est pas de gagner ou perdre, mais échouer d'aimer ou aimer.

13. Vous évitez les conflits

Tous les conflits sont des résultats provenant des gens inconscients qui cherchent à obtenir de force, à obliger les autres à leur donner ou à faire ce qu'ils veulent.

Ils croient que la seule façon d'y arriver est par la violence, la force, le contrôle, le jugement, la condamnation et la supériorité.

L'amour n'exige rien. Il laisse aux gens la liberté de choisir ou non de faire quelque chose, car vous savez que vous en n'avez pas besoin pour être heureux ni pour survivre.

14. Vous savez vous excuser

Lorsque vous blessez l'autre, lorsque vous ne demandez pas la permission à l'autre, lorsque vous imposez quelque chose à l'autre, alors vous créez des problèmes dans les relations.

Ne pas vous excuser, c'est manquer totalement de conscience et d'amour. Cela n'est pas qui vous êtes.

Vous êtes le responsable du problème, ce n'est pas l'autre. Comment voulez-vous que l'autre vous pardonne ?

15. Vous cultivez la gratitude

Dire merci n'est pas seulement une formule de politesse, mais aussi une forme de reconnaissance envers l'autre.

Trop souvent, nous observons les couples qui ne se disent même plus merci, car l'habitude est installée et ils prennent l'autre pour acquis.

Rien ne tue davantage une relation d'amour que la sécurité.

La plus grande des gratitudes est celle de dire merci avant que la chose soit produite et ainsi créer un état aimable dans la vie et les relations.

Que vous soyez célibataire ou non, il n'est pas nécessaire de souligner le fait de rencontrer la bonne personne au bon moment. Vous pouvez mettre votre attention sur ces 15 signes lors de vos prochaines rencontres.

Où pouvez-vous trouver l'amour de votre vie ?

Voir en personne quelqu'un dans un lieu achalandé et la même chose que de voir quelqu'un sur une application ou un site en ligne surpeuplé.

L'image d'une personne, qu'elle soit virtuelle ou en public, demeure tout de même une image, une apparence. Vous aimez ou non cette image !

Ainsi, il n'y a rien de mal à chercher par Internet, quelqu'un qui vous plait, car ce que vous voyez n'est rien de plus qu'une image.

Par contre, pour être en relation avec quelqu'un, pour trouver l'amour de votre vie, il ne suffit pas de parler avec une image, mais aussi d'être physiquement présent afin de sentir votre vérité, votre sentiment par rapport à quelqu'un.

Comprenez-vous la différence ?

Vous avez deux sentiments vrais dans ce genre de relation :

1. Comment vous vous sentez par rapport à une image ?
2. Comment vous vous sentez par rapport à quelqu'un ?

Ne faites pas l'erreur de croire que l'image est un être humain. La façon d'être de l'autre ainsi que la vôtre est ce qui va déterminer votre sentiment et celui de l'autre dans la relation.

Il n'y a pas de lieux idéaux pour faire des rencontres amoureuses

Si vous cherchez une liste d'endroits ou de sites pour faire des rencontres amoureuses, alors vous vous limitez. Imaginez que vous lisez et mémorisez 10 lieux de rencontre, alors vous gardez à l'esprit ces 10 lieux et vous oubliez toutes les autres possibilités qui pourraient vous passer sous le nez.

L'amour de votre vie ne se trouve pas là ou vous cherchez, mais bien souvent, là ou vous ne cherchez pas et où une occasion imprévue se produit.

J'ai rencontré plusieurs femmes dans les bars et autres lieux achalandés, mais j'ai rencontré l'amour de ma vie en vacances et elle travaillait à la bijouterie de l'hôtel.

L'attraction physique est nécessaire, mais pas la seule

Que ce soit en ligne ou en personne, choisir quelqu'un de potentiel en fonction de son apparence est naturelle. Pour beaucoup de gens, l'attraction physique est une condition nécessaire pour une relation amoureuse.

En fait, cela peut prendre entre une et quatre minutes afin de décider si vous êtes attiré par quelqu'un. Ainsi, l'apparence physique est un facteur important dans votre décision de rencontrer quelqu'un, mais il n'est pas le seul.

N'oubliez pas non plus, qu'une petite description de vous dans un profil en ligne pourrait apporter plus d'impact que votre présence dans une fête ou un bar.

En d'autres termes, il n'y a pas de relation dans une image, peu importe la distance entre les deux êtres, car la relation signifie être avec, être relié.

Par conséquent, vous devez faire une action verbale et physique pour être avec l'autre, pour vous faire remarquer par l'autre. Être avec l'image de l'autre n'est pas une action, mais l'absence d'action.

Comment réagir avec le rejet

Lorsque vous faites une approche en personne et que l'autre vous rejette, votre ego ou votre image au devant des autres est d'une certaine façon, noircie et quelques fois ridiculisée.

Cela peut paraître un désavantage, mais en réalité, cela est un grand avantage pour vous permettre de mieux vous comprendre et comprendre les autres.

L'avantage de faire des rencontres en ligne réside dans le fait que personne d'autre que vous ne voit le rejet.

Est-ce que cela est vraiment un avantage pour vous ?

Pas certain ! Car vous pouvez vous mettre à chercher de plus en plus de profils de personnes afin de vous assurer que d'autres ne vous rejetterons pas.

Par conséquent, vous réduisez presque à zéro, vos chances de trouver l'amour de votre vie, car vos recherches ont comme base la peur, non l'amour.

Montrez sincèrement que la personne est spéciale, non une parmi tant d'autres !

Si vous cherchez des centaines de personnes à la fois sur Internet, cela signifie que vous ne savez pas ce que vous voulez, vous avez peur du rejet, et qu'il n'y a aucune personne de vraiment spéciale pour vous.

Par ailleurs, si vous mettez votre énergie sur une seule personne, alors vous dirigez votre attention sur elle et dans votre façon de communiquer, l'autre personne sentira vraiment qu'elle est spéciale à vos yeux.

Comment aimez-vous que l'autre personne aille une grande liste de possibilités de rencontrer quelqu'un ?

Alors ne faites pas aux autres, ce que vous n'aimeriez pas qu'on vous fasse !

Dans un bar, lorsque vous observez un homme essayer d'entrer en relation avec toutes les filles, vous remarquerez qu'aucune n'a envie d'être un bouche-trou, une béquille.

Cette façon d'être se ressent même dans une discussion sur Internet.

Vous aurez à faire une action pour rencontrer la personne

Peu importe si le premier contact est en ligne ou non, vous aurez le sentiment inconfortable de devoir faire une rencontrer en personne afin de sentir l'honnêteté et la sincérité de la personne.

Tout ce que vous avez dit par Internet sera mis en lumière afin de voir si vous êtes cohérent avec vos actions, votre façon d'être dans la relation.

Vous pouvez avoir écrit un profil magnifique sur Internet, mais si vous cherchez à vous élever, alors on vous abaissera. Si vous cherchez à vous abaisser, alors on vous élèvera.

En personne, lorsque vous cherchez à vous montrer meilleur, à parler uniquement de vos prouesses, de vos performances, alors vous verrez que la vantardise est rapidement mise à sa place.

Vous devez avoir une conversation différente et cela commence en arrêtant d'imiter les autres et être unique, différent.

Trouver l'amour de votre vie débute en misant sur votre attitude, en observant votre façon d'être dans les relations, car vous attirez les gens selon votre attitude.

LA CONVERSATION PENDANT LA RENCONTRE

Les approches à ne pas faire

Avez-vous déjà été rejeté par une personne qui vous intéressait de rencontrer ? Quels furent vos sentiments à ce sujet ?

Ne vous en faites pas, la plupart des gens se sentent ainsi, mais si vous ne connaissez pas ce qui ne fonctionne pas pour aborder une personne qui vous plaît, alors vous risquez de refaire les mêmes erreurs que les autres et vous sentir mal.

Heureusement, voici certaines approches à ne pas faire pour rencontrer une personne inconnue et ainsi éviter qu'elle vous repousse ou du moins, qu'elle apprécie votre courage !

De cette façon, vous prendrez conscience de choisir une approche qui pourrait fonctionner pour vous.

C'est dans la première minute de la rencontre que tout se passe et ce qui compte, est de capter l'attention et l'intérêt de la personne avec vos paroles, votre façon d'être, non de dire des choses qui vont déplaire à l'autre.

Comme les hommes font généralement les premiers pas, alors je suivrai ce modèle.

- Ne dites pas des banalités que tout le monde dit dans vos premiers mots, comme par exemple : Venez-vous souvent ici, je vous ai vu quelque part avant, vous me faites penser à quelqu'un ?

- Ne lui dites pas qu'elle est jolie, car elle le sait et tous les hommes lui ont souvent dit. Cela devient ennuyant pour elle et ressemble à tous les autres hommes.

- Évitez de la toucher, car vous ne respectez pas son espace et attendez plutôt que ce soit elle qui vous touche en premier.

- Ne collez pas et n'insistez pas, car les femmes n'aiment pas les hommes qui les abordent comme s'ils avaient tellement besoin d'amour ou de sexe.

- N'ayez pas une conversation concentrée sur vous-mêmes, car les femmes ne veulent pas une discussion en sens unique et encore bien moins, les vantards en manque d'attention.

- N'utilisez pas des approches que vous trouvez sur Internet, car elles sont fausses et trop souvent utilisées. Elles sont perçues facilement par les femmes comme un manque de sincérité. Ainsi, en sachant ce qui ne fonctionne pas, votre esprit trouve de lui-même, vos approches personnelles et non les idées des autres.

- N'inventez pas des mensonges pour paraître important, car ainsi vous divisez la relation entre quelque de meilleur que l'autre.

- Ne cherchez pas à montrer que vous avez du succès avec les femmes, car ce qui compte pour une femme n'est pas qu'un homme séduise 1000 femmes, mais qu'un homme séduise mille fois la même femme.

- Ne cherchez pas à montrer que votre corps est ce qui attire les femmes, car vous n'êtes pas une femme. Vous savez que les belles femmes vous attirent et alors vous croyez à tort, que cela est la même chose pour une femme. L'apparence générale est ce qui importe pour une femme, mais ce sont vos paroles et votre façon d'être qui retiendront son attention par la suite.

- N'approchez pas une femme qui est en groupe de façon directe, car vous risquez que les autres vous niaisent par jalousie ou que la femme visée vous rejette pour protéger son image, sa réputation, au devant de ses amies.

- N'approchez pas une femme qui est avec une amie en négligeant ou oubliant celle-ci, car elle est votre meilleure alliée et avec elle, vous n'êtes pas émotionnellement engagé.

- Ne soyez pas trop sérieux, car les femmes aiment le sens de l'humour et le sourire franc lors des premières rencontres. Elles n'aiment pas la même routine monotone dans une approche.

- Ne portez pas de vêtement mal propre, car les femmes aiment être avec des hommes qui prennent soin d'eux et elles s'imaginent comment elles seront en votre compagnie quelque part.

- Ne cachez pas vos sentiments, car les femmes n'aiment pas les gens qui se croient assurés pour cacher leur manque de confiance, mais aiment les hommes vulnérables, donc honnêtes et courageux.
- Ne complimentez jamais les femmes sans preuves, car cela n'est que de la flatterie mensongère pour arriver à vos fins.

Évidemment, il existe des centaines d'approches qui ne fonctionnent pas et que je ne connais pas, mais cette petite liste permet de vous donner un point de vue efficace.

Plus vous connaissez ce qui ne fonctionne pas et plus vous êtes conscient de ce qui fonctionne.

L'action inconfortable est la véritable confiance en soi

La véritable confiance en soi débute toujours par quelque chose d'inconfortable qui produit ensuite une situation joyeuse et merveilleuse.

Je me souviens, dans le cadre d'un projet personnel, j'avais à faire des actions pour rencontrer des gens inconnus, d'aller au devant d'eux, de faire les premiers pas, afin de lancer une conversation à froid.

Quels sentiments inconfortables et difficiles !

Jamais je n'ai été confortable après plus de 4000 inconnus que j'ai rencontrés.

Je croyais, qu'après un certain nombre d'expériences, que je pouvais arriver à ne plus avoir de papillons dans l'estomac.

Je me suis trompé !

Il faut aborder une relation avec un esprit neuf

Chaque inconnu que j'ai rencontré a toujours été une nouvelle expérience, il n'y a jamais eu la même expérience, car l'être humain est unique et différent.

Je ne pouvais pas savoir à l'avance, ce que l'autre avait comme réaction ou intention, mais j'ai observé une chose fondamentale...

Chaque nouvelle rencontre est différente et inconfortable.

Tout comme dans une rencontre amoureuse où vous ne connaissez pas l'autre.

En fait, le problème d'inconfort se crée lorsque vous avez en mémoire, de croire que vous aurez un sentiment confortable dans votre prochaine rencontre amoureuse, au lieu de croire que vous aurez un sentiment inconfortable de toute façon.

De plus, lorsque vous cherchez des solutions, des astuces, des trucs, des conseils pour avoir plus confiance en vous, c'est qu'en vérité, vous croyez qu'avec cela, vous aurez un sentiment confortable, mais il n'en est rien.

La vérité vous rattrape à l'instant où vous faites l'action qui est inconfortable.

Par conséquent, pourquoi ne pas changer votre point de vue pour votre bien-être ?

Changer votre point de vue pour changer votre croyance

Cette peur d'aller au devant d'une personne inconnue est une chose invisible et inconsciente, mais elle est bien réelle.

Le sentiment est bien réel, mais vous pouvez cacher votre vérité au moyen de l'apparence pour bien paraître au devant des autres, être à la hauteur, et ne jamais dépasser vos peurs.

Bien des gens vivent ainsi pour nier leur vérité. La peur est le fait de nier vos états d'être, donc de ne pas les accepter ni les comprendre tels qu'ils sont, mais selon ce qu'ils devraient être.

Cependant, jamais vous n'aurez confiance en vous, si vous n'acceptez pas ni ne comprenez pas vos sentiments.

En fait, vous allez répéter les mêmes états d'être en toute inconscience, car vous êtes trop préoccupé par ce que vous voulez avoir de l'autre ou êtes trop occupé à bien paraître au devant des autres.

Pour changer votre point de vue, donc votre croyance, vous devez comprendre que le sentiment inconfortable en face de l'inconnu est une chose merveilleuse afin de sentir la joie, la très grande joie d'avoir fait quelque chose de grandiose !

Par conséquent, vous comprenez que vous ne pouvez pas remplacer votre sentiment inconfortable, mais vous pouvez avoir un tout autre point de vue à son sujet.

Au lieu d'avoir peur, quand ce sentiment reviendra et vous paralysera dans l'inaction, vous choisissez d'avoir une envie forte de faire l'action inconfortable, car vous savez que cela sera grandiose pour vous, peu importe la réaction de la personne que vous voulez rencontrer.

L'enfant qui apprend à marcher tombe et retombe, mais il se relève et arrive un moment où il marche. La joie, la très grande joie se voie sur son visage ainsi que la fierté dans ses sentiments d'avoir réussi ce qu'il voulait faire.

La véritable confiance débute toujours par quelque chose d'inconfortable, qui n'est pas facile, et ensuite produit une situation joyeuse et merveilleuse.

Voilà le nouveau point de vue qui pourrait changer votre profonde croyance qui elle, lance la même expérience douloureuse ou la nouvelle expérience heureuse.

Chercher des solutions est la plus grande erreur

Observez la situation autour de vous et vous remarquerez que tout le monde (oui, oui, tout le monde) cherche des astuces, des trucs, des idées, des conseils ou des solutions pour se libérer, pour mettre fin, pour corriger un sentiment inconfortable, un problème, afin de pouvoir faire l'action de rencontrer quelqu'un.

Difficile de ne pas y croire !

Et pourtant, rien n'est plus néfaste, rien n'est plus faux, rien n'est plus inutile !

Vous n'avez pas besoin d'autres conseils ni d'autres solutions des autres, vous avez besoin d'une stratégie simple qui fonctionne, tout simplement !

Cette stratégie est de changer votre point de vue à votre propos.

Vous allez lire et trouver des solutions chez les autres qui sont comme vous et qui vous apporteront un certain réconfort temporaire, mais lorsque vous serez dans une nouvelle situation de rencontrer quelqu'un, vous verrez que votre sentiment inconfortable est toujours là, peu importe les milliers de solutions que vous lisez ou apprenez.

Que choisissez-vous de vivre ?

Il n'y a pas de confort dans une relation avec une personne inconnue, c'est toujours quelque chose de nouveau, d'inconfortable.

Votre sentiment inconfortable n'arrivera jamais à sa fin, mais en l'acceptant et le comprenant, vous pouvez faire un choix différent dans vos intentions avant d'aborder quelqu'un d'inconnu.

Si vous croyez que vous n'aurez pas de sentiment inconfortable, alors vous allez créer une peur profonde qui vous empêchera d'agir et ainsi vous justifier.

Si vous croyez que vous aurez un sentiment inconfortable, alors cet inconfort se transformera en un puissant désir de faire l'action afin de vous sentir joyeux et fier de vous.

Une discussion intéressante n'est pas un interrogatoire

Êtes-vous craintif d'avoir un blanc de mémoire au début d'une discussion ?

Peut importe votre apparence, vous savez que le rejet est toujours possible !

Mais savez-vous que la pire chose n'est pas ce silence mortel, mais bien votre façon de débuter et de poursuivre la conversation dans une rencontre amoureuse ?

Heureusement, vous n'avez pas besoin de mémoriser de nombreuses questions ni d'avoir une grande facilité à bien parler afin d'intéresser une fille.

Choisissez un but différent que de vouloir parler

Avant d'aller parle à une fille qui vous intéresse, il serait approprié de connaître un but noble, un but qui est bien pour vous et l'autre, non uniquement le vôtre.

Mettez de côté votre égoïsme inconscient, soyez un peu plus compatissant et tout se déroulera pour le mieux pour vous.

Rares sont les hommes qui se demandent ce qui pourrait être un but intéressant pour une femme de se faire aborder par un homme. Parce que vous ne pensez qu'à votre but, qu'à vos intérêts, alors vous oubliez celui de la femme.

Pour l'homme, le but est de ne pas se faire rejeter, de sentir que la femme apprécie notre présence, notre courage d'aller lui parler.

Pour la femme, le but est souvent d'avoir une conversation intéressante et surtout, une conversation différente des autres hommes qui ont la même approche égoïste et monotone.

En ayant à l'esprit de mettre l'importance sur le but de la femme, alors vous réalisez votre but, n'est-ce pas ?

Mais avant tout, vous devez rapidement déterminer si la fille, que vous avez envie de rencontrer, a un intérêt véritable de se faire aborder par vous.

Comment savoir si la fille a un intérêt ou non ?

Il est souvent difficile de savoir si une femme à de l'intérêt envers vous, mais vous devez le savoir dès vos premiers mots afin de ne pas perdre votre temps et vous faire rejeter plus tard.

Vous ne pouvez pas intéresser toutes les femmes et toutes les femmes ne vous intéressent pas. Chacun sa liberté.

Être conscient de vos sentiments et ceux de la femme, tout simplement.

Ce que je faisais pour savoir si la femme avait un intérêt était simplement de savoir si elle en n'avait pas !

Il me fallait trouver une question appropriée qui me permettait de connaître son sentiment en relation avec moi avant d'aborder une conversation ensemble.

Demander la permission aux gens est une chose oubliée par de nombreuses personnes et pourtant, c'est cette approche qui fonctionne et fonctionnera toujours.

Demandez la permission de parler à une fille

Ainsi, j'abordais toujours une fille avec quelque chose de simple et de respectueux : « Est-ce que tu me donnes ta permission de parler avec toi ? »

Une seule réponse me suffisait soit « oui ». Le oui démontrait l'intérêt de la fille, car c'était sa réaction spontanée. Elle se sentait bien de se faire aborder par moi. C'était sa vérité.

Être respectueux des gens, tout simplement. Lorsque la fille me répondait « ça dépend » ou tout autre réponse. Cela me disait qu'elle n'avait pas d'intérêt dans ses sentiments envers moi et voulait des idées dans mes réponses pour se justifier.

Elle ne se sentait pas bien de se faire aborder par moi. C'était sa vérité.

Ainsi, je répondais « désolé de t'avoir dérangé, je me suis trompé de fille et je te souhaite une belle soirée ».

Donc, au lieu de me faire rejeter, je préférais la rejeter maintenant et ainsi ne pas sentir un inconfort en moi.

J'ai souvent continué, et sans succès, à parler avec les filles qui répondaient « ça dépend » et me faire rejeter ou m'apercevoir plus tard, qu'elles n'avaient aucun intérêt envers moi.

J'ai pris conscience que cela ne fonctionnait pas, mais vous êtes libre de l'essayer !

En vérité, la réponse « ça dépend » veut dire « non », car la fille a peur de dire non et ainsi blesser volontaire un homme.

Lorsque vous avez la permission de parler à une fille, il faut rapidement la mettre à l'aise et ainsi vous sentir bien. Pour cela, vous devez comprendre ce qui dérange une fille ou une femme dans une conversation.

Les conversations qui dérangent les femmes

J'ai souvent discuté avec des femmes concernant ce qui les dérangeaient le plus dans un conversation avec un homme qui les abordait et les réponses obtenues furent l'inconscience des hommes à :

- parler de lui uniquement ;
- poser les mêmes questions banales ;
- ne pas être vulnérable et honnête ;
- cacher ses véritables intentions ;
- croire que l'apparence est tout ce qui compte ;
- complimenter sans sincérité ;

- vouloir être trop rapidement intime ;
- manquer d'humour et jamais rire de lui ;
- se comparer avec les autres hommes ;
- vouloir savoir tout sur elle dans une seule conversation.

Donc, d'être compréhensif, tout simplement

Ainsi, toutes ces réponses se résument à une seule chose, soit celle d'imiter les autres hommes qui n'ont pas l'intention de comprendre ce qui intéresse vraiment une femme dans une conversation.

Ne parlez pas de vous, mais attendez qu'elle vous pose des questions sur vous. Cela viendra, car plus on s'intéresse aux gens et plus les gens s'intéressent à nous.

Améliorer votre apparence ne changera rien

L'apparence est importante pour aller au devant d'une fille, mais ne tombez pas dans une croyance que l'apparence vous donne de la confiance.

En fait, c'est tout le contraire, car souvent ceux qui ont « travaillé » sur leur apparence attendent que les filles fassent le premier pas. Ils croient que cela va compenser leur manque de conversation intéressante !

Cette inaction est une preuve de non confiance en soi. La femme n'aime pas être en présence de quelqu'un qui manque de confiance et cherche à prouver le contraire dans l'apparence uniquement.

Vous devez être confiant et non superficiel, tout simplement !

La confiance en soi n'est pas quelque chose que vous avez, que vous possédez, ce n'est pas un résultat, mais quelque chose que vous êtes, quelque chose qui crée les résultats.

Par conséquent, misez sur deux tableaux : Votre apparence et votre confiance en disant et en faisant les choses inconfortables.

Parlez de vous ne fait que déplaire une fille !

Vous mourez d'envie que la femme s'intéresse à vous, n'est-ce pas ?

Et vous n'êtes pas conscient que la femme aussi a une grande envie que vous vous intéressez à elle !

Comment est votre sentiment, quand quelqu'un s'intéresse à vous ?

Comment est votre sentiment, quand quelqu'un ne parle que de lui ?

Alors intéressez-vous à elle d'une façon sincère, non d'une façon mémorisée avec de nombreuses questions qui ressemblent à un interrogatoire monotone.

Arrêtez immédiatement votre interrogatoire !

Si vous êtes concentré sur ce que vous avez en tête, alors vous perdez de vue ce qui compte le plus, soit d'être attentif à la fille.

Je suis toujours surpris de voir les hommes chercher à apprendre, à mémoriser 20, 30 ou 50 questions à poser aux femmes et croire que cela est une bonne façon d'avoir une conversation intéressante.

Rien n'est plus éloigné de la vérité !

Ces questions ressemblent à un interrogatoire sans plaisir, sans saveur, monotone et sans intention sincère de comprendre l'autre, de vraiment comprendre l'autre.

La peur de ne pas savoir quoi dire, de ne pas vivre un silence durant la discussion, est ce qui vous motive à remplir votre mémoire de questions.

Par conséquent, ce qui vous intéresse n'est pas la femme, mais de ne pas oublier vos nombreuses questions afin de ne pas vivre cette peur d'avoir un blanc de mémoire !

En vérité, cette peur se produit, car vous oubliez d'écouter sincèrement la femme et vous oubliez de vous intéresser à elle, d'être attentif à ses réponses.

De quoi parler avec une fille ?

Les sujets traditionnels ou classiques comme le travail, la famille, les vacances, les sorties, le temps ou l'actualité sont monotones à parler.

Oui, ces thèmes peuvent être utilisés avec quelqu'un que vous connaissez, mais pour une nouvelle rencontre, alors vous devez être différent des autres et mettre votre importance sur ce qui compte vraiment.

Ce qui compte n'est pas de mémoriser de nombreuses questions monotones selon des sujets que tout le monde parle, mais d'être attentif à une seule chose, le sujet qui est le plus passionnant pour une fille, selon elle.

Et vous ne pouvez pas le savoir, si vous êtes concentré sur des questions que vous avez dans votre mémoire. Il n'y a aucune joie dans cette approche.

Ainsi, ne perdez pas votre temps à apprendre des questions sur des sujets que vous avez déjà choisis auparavant, mais de découvrir le sujet qui passionne la fille avec une question importante.

Comment engager une conversation différente des autres hommes ?

Une fois que vous avez eu la permission de parler avec une fille, que vous savez son sentiment caché concernant son intérêt d'être avec vous, que vous êtes conscient de ce qui la dérange dans une conversation et des sujets banales qui sont monotones, alors vous pouvez maintenant vous intéresser à la fille.

La première chose à parler est de déclarer votre sentiment actuel, votre vérité, afin de lui montrer que vous êtes différent des autres hommes, que vous n'avez pas peur d'être inconfortable, d'être vulnérable, ce qui capte immédiatement l'intérêt de la femme.

D'être honnête, tout simplement !

Voilà ce qu'est la véritable confiance qui se trouve dans votre honnêteté.

Elle est tellement habituée de voir le contraire, de voir ces apparences trompeuses, ces mensonges pour bien paraître. Cette mascarade !

C'est là que votre question importe pour la suite de la conversation.

Vous devez ajouter après l'aveu de votre sentiment inconfortable, une question pour découvrir ce qui l'intéresse réellement de discuter, et non de répéter des questions mémorisées concernant des sujets.

Voici en quoi ressemble cette question que j'ai souvent expérimentée.

La question pour connaître les intérêts d'une fille

Lorsque j'allais parler à une femme, je disais à chaque fois ceci :

« Je me sens mal de venir te parler, car je ne suis pas un bon parleur. Mais peux-tu me dire de quoi les femmes aiment parler le plus ? »

Voilà la question qui lance une véritable conversation et enlève toute timidité...

Essayez-la !

Vous pouvez remarquer, que j'utilise une question qui s'adresse aux autres femmes, non directement à elle.

La raison est simple. Lorsque les gens ne se sentent pas visés émotionnellement, alors ils répondent pour les autres, mais en vérité, la réponse est toujours la leur, car ils ne peuvent pas savoir pour les autres.

Trouvez une question similaire où vous vous sentez bien et faites-en l'expérience.

Évidemment, pour avoir une conversation intéressante, il faut aussi trouver une façon de pouvoir continuer une conversation.

Comment continuer la conversation sans mémoriser des questions ?

Lorsque la fille répond à la question « si elles connaît ce que les femmes aiment parler le plus », c'est à cet instant que vous devez être très attentif et écouter ses réponses.

Si vous changez de sujet avec vos nombreuses questions mémorisées, alors vous ne faites que de ne pas vous intéresser à la fille. Vous êtes intéressé à vos questions, à votre peur d'avoir un blanc de mémoire, non à elle.

Comprenez-vous ?

Donc, d'être sincère, tout simplement !

Apprendre par coeur de nombreuses questions ne fait que de vous faire croire à tort, que vous savez parler aux filles.

Ainsi, si la fille vous répond que les femmes, en général, aiment bien parler de leur problèmes, alors les mots qu'elle utilise, vous permettent de créer une nouvelle question pour en savoir davantage.

Par conséquent, vous n'avez pas besoin d'apprendre des questions, vous utilisez les réponses de la fille pour en créer de nouvelles et ainsi, vous intéresser sincèrement à elle.

Vous continuez avec ses réponses et plus elle parle, et plus vous avez de nouvelles questions qui entrent dans votre esprit et qui sont intéressantes pour la fille.

Vous ne pouvez pas savoir ce que la fille va vous répondre, alors vous devez être attentif à ses réponses, car elles vous donnent des informations sur les prochaines questions à poser.

La mémoire n'est pas très utile dans une relation, c'est l'action sans mémoire qui a le plus d'impact.

Exemple de discussion avec une fille

Je vais mettre en gras foncé, les mots qui m'accrochaient dans les réponses de la fille et ainsi identifier les informations importantes afin de poser de nouvelles questions.

Des **questions ouvertes**, non des questions où elle peut répondre, oui ou non.

Moi : Qu'est-ce que les femmes aiment parler le plus ?

Elle : Les femmes aiment beaucoup parler de ce qu'elles **aiment faire** dans leur **moment libre**.

Moi : Je ne le savais pas et selon toi, quelles sont les choses qu'elles aiment beaucoup faire ?

Elle : Elles aiment bien aller **magasiner** et écouter de la **musique**.

Moi : Magasiner avec qui ? Magasiner quoi ?

Elle : Des **vêtements**, des **cadeaux** pour la famille et amis, des **souliers**.

Moi : Peux-tu me parler un peu plus des vêtements que les femmes aiment acheter et combien elles dépenses par mois ?

Ainsi, vous comprenez le processus. Chaque fois que je pose une question, j'obtiens des réponses qui me font penser à cet instant, à deux ou trois nouvelles questions.

Je n'ai pas à me souvenir des questions qui sont dans ma mémoire ni de ce que je vais dire, j'ai juste besoin d'écouter, m'intéresser à elle et utiliser ses réponses afin de poser de nouvelles questions.

Partez pendant que le désir de rester est présent !

Une des choses les plus importantes dans une rencontre avec une fille est de partir quand ça va bien.

Si vous cherchez à continuer la relation le plus longtemps possible, alors vous risquez d'être harcelant et surtout, de créer un doute dans l'esprit de la fille concernant vos véritables intentions.

Vous ne pouvez pas connaître une fille dans une seule rencontre.

Lorsque vous sentez que ça va bien et que vous avez eu une conversation intéressante, alors choisissez de partir afin d'augmenter son désir de vous revoir.

D'être désiré, tout simplement !

Ne demandez jamais un numéro de téléphone ou autre information à une fille, car vous cherchez à l'obliger à faire quelque chose, dites plutôt une question comme :

« Je dois m'en aller, car mon intention de vouloir rencontrer une fille intéressante a été réalisé. As-tu une idée comment faire pour pouvoir continuer notre conversation un autre jour ? »

Ainsi, vous créez un sentiment de bien dans le coeur de la fille, vous lui montrez qu'elle est spéciale, vous augmentez son désir de vous revoir et vous lui laisser la liberté de trouver une solution pour vous revoir.

Une fois partie, la fille va constamment avoir envie de vouloir vous revoir et ne jouez pas avec ses sentiments trop longtemps, car vous pouvez créer en elle, des doutes ou des inquiétudes qui seront néfastes pour vous.

LA DÉCISION APRÈS LA RENCONTRE

Que faire après une première rencontre réussie ?

Les craintes et les doutes d'appeler quelqu'un après une rencontre réussie ne disparaissent pas en les oubliant, mais bien en les comprenant.

Vous avez rencontré une personne intéressante dernièrement, mais vous êtes assis là, au devant de votre téléphone, avec la crainte de faire un premier appel.

La crainte de ne pas pouvoir avoir un rendez-vous, ne plus revoir cette personne !

Mais si vous faites comme tout le monde, donc si vous cherchez une solution pour avoir plus confiance, alors vous donnez plus de force à votre crainte en voulant l'oublier, mais elle est toujours là, car vous êtes cette crainte. En vérité, on ne se débarrasse pas de la crainte en croyant mettre une couverture par dessus afin de la cacher pour bien paraître.

Par bonheur, il existe une stratégie bien simple pour mettre fin à votre crainte et être confiant de contacter, de revoir cette personne spéciale pour vous.

Se débarrasser des craintes avant d'appeler quelqu'un

La plus grande erreur est celle de croire les millions de personnes qui vous disent de faire quelque chose afin d'avoir confiance en vous. En vérité, la confiance n'est pas un résultat, n'est pas quelque chose à avoir, mais bien quelque chose à être avant de faire quelque chose, avant de faire un appel.

Cette stratégie consiste à vous observer, à voir comment votre esprit crée vos craintes afin de les utiliser pour créer en vous, un sentiment de confiance et ainsi être motivé de faire l'appel que vous redoutez...

Voyons les situations qui nourrissent vos craintes de faire un appel :

- Combien de temps attendre avant de rappeler quelqu'un ?
- La peur que l'autre ne soit plus intéressé à vous.
- Pourquoi il ou elle ne m'appelle pas et garde le silence ?
- Je n'aime pas parler au téléphone et je préfère les SMS.
- Ne pas courir après un homme ou une femme.
- Il ne me rappelle pas après avoir couché avec lui.
- Faut-il rappeler si l'autre n'appelle pas ?

Combien de temps attendre avant de rappeler quelqu'un que l'on vient de rencontrer ?

Vous avez réellement aimé votre dernière rencontre et vous avez à l'esprit un doute afin de savoir quel est le bon moment, le moment idéal pour faire ce premier appel.

Si vous aviez posé cette question à la fin de la rencontre précédente, vous l'auriez su, et maintenant il est trop tard. En fait, il n'est pas trop tard et c'est le bon moment de poser cette question lors du premier appel, peu importe quand.

L'amour n'est pas un jeu pour manipuler les gens, pour se croire plus important ni pour faire attendre les autres.

Imaginez qu'une personne vous appelle et vous dise, après s'avoir présenté, « J'ai oublié de te demander, lors de notre rencontre précédente, quel est le meilleur moment pour te rappeler ».

Si vous l'auriez fait, alors vous n'auriez pas ce doute afin de savoir quand téléphoner. Par conséquent, c'est le manque d'information de l'autre, qui crée en vous cette crainte.

Pourquoi ne pas demander cette information lors de votre premier appel et ainsi mettre fin à cette crainte ?

Et à l'avenir, pourquoi ne pas préparer votre appel dès la rencontre précédente et ainsi dire à l'appel « Je te rappelle selon ton choix du meilleur temps pour le faire ».

La peur que l'autre ne soit plus intéressé à vous

Parce que vous pensez à votre crainte, au rejet de l'autre ou sa décision de ne pas vous revoir, alors vous oubliez de vous intéresser à l'autre avant de l'appeler.

Probablement, vous vous demandez si l'autre a encore envie de vous revoir ou si l'autre va vous donner des excuses pour éviter de vous revoir.

Voilà la plus belle occasion afin de démontrer que vous êtes différent des autres et ainsi ne pas chercher à vous croire supérieur et faire l'erreur de vouloir bien paraître.

Vous savez que tout repose sur la décision de l'autre, n'est-ce pas ? Mais savez-vous que cette décision repose sur ses sentiments actuels lors de l'appel ?

Qu'est-ce qui fait en sorte qu'une personne se sente bien dans une relation ?

C'est votre façon d'être qui va créer chez l'autre, des sentiments agréables :

- Être honnête concernant vos sentiments ;
- Être conscient concernant sa liberté de choix ;
- Être sincère concernant les compliments.

Lorsque vous êtes honnête, jamais vous ne cachez vos sentiments inconfortables et jamais vous accusez les autres. Vous dites comment vous vous sentez afin de communiquer clairement et d'une façon confiante.

Lorsque vous êtes conscient de la liberté de l'autre, jamais vous ne donnez d'ordres ni vous obligez quelqu'un à suivre vos intentions.

Vous demandez simplement la permission au moyen de question sans porter de jugement. Lorsque vous êtes sincère, jamais vous complimentez quelqu'un sans preuve évidente. Votre compliment est toujours suivi d'un « parce que ».

Pourquoi il ou elle ne m'appelle pas et garde le silence ?

Quelque fois, après une magnifique rencontre, vous n'avez pas le numéro de téléphone de l'autre ou bien l'autre vous a dit qu'il va vous appeler.

Un certain nombre de jours passe et vous voilà en train de vivre des attentes qui vous rendent malheureux. Les inquiétudes sont des craintes concernant l'avenir et qui vous rongent le coeur en imaginant toute sorte de chose.

Comment vous libérer de ces inquiétudes ?

En fait, vous n'avez rien à faire pour cela, car vous n'avez pas le contrôle sur les êtres humains. C'est en acceptant cela et en le comprenant, que vous commencerez à vous libérer de vos inquiétudes.

Parce que vous croyez que votre bonheur dépend des autres, alors il ne vous vient jamais à l'esprit que cette dépendance est nuisible pour vous.

Êtes-vous tellement habitué à donner des ordres aux gens et ainsi ne pas leur laisser la liberté de faire ou ne pas faire ce qu'ils veulent ?

Je n'aime pas parler au téléphone et je préfère les SMS

Si vous n'aimez pas parler au téléphone, est-ce que cela veut aussi dire que vous n'aimez pas parler avec quelqu'un en personne assis avec vous au restaurant et que vous préférez discuter par SMS ?

Est-ce qu'en vérité, vous n'êtes pas à l'aise dans les relations et que les SMS sont votre solution de rechange ?

Et si vous ne l'êtes pas, est-ce que cela ne vient-il pas d'un manque, d'une absence d'intérêt envers les autres ?

Si je veux avoir une conversation intéressante avec vous, il me suffit de vous poser des questions sur ce qui vous passionne, vous anime, n'est-ce pas ?

Mais si je vous juge ou si je vous attaque concernant votre habitude d'utiliser les SMS, alors nous n'aurions jamais de conversation agréable et vous aurez une plus grande envie de continuer vos SMS ou du moins, de ne pas avoir envie de discuter.

Par conséquent, est-il possible que votre habitude du SMS ait débuté par une certaine inconscience de ne pas savoir comment s'intéresser aux autres par des questions et que les autres ont ensuite contribué à rendre cette habitude de plus en plus profonde par leur façon d'être avec vous ?

Ne pas courir après un homme ou une femme !

En fait, lorsque vous dites ne pas vouloir courir après quelqu'un, c'est que vous mourez d'envie que cette personne coure après vous !

Vous mourez d'envie que quelqu'un reconnaisse votre grande importance, votre supériorité, car à vos yeux, vous ne l'êtes pas.

Vous avez peur que l'autre découvre cette vérité et alors, vous vous cachez en arrière d'une fausse importance et ainsi éviter de faire l'action d'appeler l'autre.

Pourquoi attendre que l'autre fasse les premiers pas si votre sentiment est bien par rapport à quelqu'un ? Pourquoi ne pas respecter votre sentiment, votre vérité ?

Il suffit de le dire à l'autre, de dire combien vous êtes bien de l'avoir rencontré et vous verrez qu'il n'y a pas de jeu dans l'amour, mais bien des vérités, de l'honnêteté.

Allez-y, essayez l'honnêteté, au lieu du mensonge pour bien paraître, être à la hauteur !

Vous avez tellement peur d'être vrai, que vous vivez dans le mensonge une grande partie de votre vie.

Il ne me rappelle pas après avoir couché avec lui

Si l'autre avait comme but de coucher avec vous lors de la dernière rencontre, et que vous avez donné satisfaction à ce désir, alors quel est maintenant son désir de vous rappeler ?

Si l'enfant à envie de manger de la crème glacé et que vous lui donnez son désir, alors vous tuez toute motivation de manger de la crème glacé, car son désir est maintenant satisfait.

Lors de votre première rencontre, et que vous saviez que l'autre voulait coucher avec vous, pourquoi ne pas avoir prolongé le désir ?

Quand quelqu'un à soif, il est important de lui donner un peu d'eau, mais avec du sel...

Par conséquent, si vous avez son numéro de téléphone, il est inutile de le rappeler, car votre relation a commencé avec un désir corporel et non un désir relationnel, et rien ne va changer en cour de route dans ce genre de relation.

Faut-il rappeler si l'autre n'appelle pas ?

Tout dépend de ce que vous avez convenu lors de votre dernière rencontre. Si l'autre avait promis de téléphoner, alors ne vous fiez pas aux promesses, car il y a tellement de choses qui changent.

L'autre a probablement peur de vous appeler comme c'est le cas pour vous, si vous êtes dans une situation similaire. Il n'y a aucun résultat agréable possible si vous ne faites pas d'action et que vous attendez l'appel de l'autre.

Ce qui compte est comment vous vous sentez actuellement et quel est votre désir de revoir l'autre. Lors de l'appel, ce qui va compter est comment l'autre va se sentir par rapport à votre façon d'être au téléphone.

Le sentiment de l'autre est ce qui va compter dans sa prise de décision de vous revoir

Si vous avez créé du bien-être dans les sentiments de la personne lors de la première rencontre, alors ses souvenirs ne sont pas ceux de son esprit, mais ceux de son âme. Ce sont ses vérités et elle veut que cela continue...

De plus, lors de votre appel, il serait important de continuer à créer du bien-être dans les sentiments de l'autre et pour y arriver vous devez être conscient de trois choses :

- Être honnête concernant vos sentiments ;
- Être conscient de ne pas donner des ordres, mais poser des questions ;
- Être sincère concernant les compliments.

Être conscient de votre but avant un rendez-vous

Le but d'appeler quelqu'un n'est pas d'avoir un rendez-vous, cela est l'objectif. Le but est ce que vous aimeriez faire ensemble pendant ce rendez-vous.

Ainsi, avant de faire un premier appel, vous devez vous préparer en ayant à l'esprit, des idées à faire pour votre premier rendez-vous, mais vous devez attendre que l'autre vous le demande.

Ne forcez rien, car vous ne savez en rien les préférences de l'autre ! Ne croyez pas non plus, que l'autre aime ce que vous aimez faire. À la place, il est plus aimable de poser une question afin de connaître ses intérêts.

Être conscient des sentiments pendant l'appel

Vous devez d'abord créer un sentiment de bien à l'autre, un sentiment de confiance au moyen de votre façon d'être. Cela se fait en disant comment vous vous sentez, peu importe quoi.

Par exemple, je disais souvent « J'ai bien aimé notre rencontre et même si je me sens très inconfortable de t'appeler, j'avais envie d'entendre ta voix, est-ce que c'est un problème ? »

Évidemment, elle disait « non ». Voyez-vous, c'est plus facile aux gens de dire non que de dire oui, alors cherchez une question où la réponse non, veut dire oui.

Ensuite, il faut aller rapidement au but de votre appel, à votre intention. Ainsi, « La raison de mon appel est voir avec toi, si on pourrait se revoir dans un lieu public, est-ce que cela pourrait te convenir ? »

Il est portant de mentionner un lieu public pour éviter de créer une peur chez l'autre en cherchant un lieu intime trop rapidement.

Dans presque tous les cas, la réponse était « oui ».

Maintenant la question clé.

« As-tu une idée où nous rencontrer et ce que nous pouvons faire ? »

Il est essentiel d'écouter son choix, car ce qui compte n'est pas votre idée, mais la sienne, car votre intention est de la revoir, peu importe où et peu importe ce que vous faites.

Si elle n'a pas d'idée, alors elle répondra dans presque tous les cas : Non, je n'ai pas d'idée, mais toi, as-tu une idée ?

Voilà pourquoi il est important d'avoir préparé quelques possibilités de lieux et de sorties, au cas où cette question viendrait.

Mais attendez que la question vienne de l'autre et ainsi répondre à son désir sans imposer le vôtre.

Comment réussir un premier rendez-vous amoureux ?

Lorsque votre premier rendez-vous est mémorable et agréable, vous êtes en mesure de sentir qu'une relation grandiose est sur le point de prendre naissance !

Désirez-vous que votre premier rendez-vous soit magique ? Voulez-vous mettre toutes les chances de votre côté ?

Alors préparez-vous afin de ne pas avoir des réactions malavisées qui pourraient compromettre votre rendez-vous.

Voici des questions à tenir compte avant ce premier rendez-vous et n'oubliez pas que ce qui compte le plus n'est pas d'être à la hauteur, mais d'être vrai, d'être vous-même afin qu'il n'y ait pas de confusion ni de déception.

Comment se comporter au premier rendez vous ?

Prenez quelques instants pour vous préparer mentalement et physiquement avant de rencontrer quelqu'un lors d'un premier rendez-vous.

Pourquoi ce rendez-vous ? Quel est votre but et votre objectif final ? Êtes-vous prêt à vous engager dans une relation amoureuse ou bien ce n'est qu'une relation de plaisir physique uniquement ?

En connaissant les réponses à ces questions, vous êtes conforme à respecter vos intentions véritables, non de les cacher.

Voici une liste de questions qui pourraient vous aider à mieux vous préparer et à vous enlever certaines inquiétudes concernant ce premier rendez-vous.

- Quel lieu choisir pour un premier rendez-vous ?
- Quelle est la meilleure attitude lors de ce premier rendez-vous ?
- Comment s'habiller au premier rendez vous ?
- Que faire lors du premier rendez-vous ?
- Doit-on apporter un cadeau lors du premier rendez vous ?
- Que faire si l'autre ne se présente pas au rendez-vous ?
- Y a-t-il des sujets à éviter lors d'un premier rendez vous amoureux ?
- Quels sont les bons sujets de conversation au premier rendez vous ?
- Peut-on s'embrasser au premier rendez vous ?
- Quel signe indique que votre premier rendez-vous est réussi ?

Quel lieu choisir pour un premier rendez vous ?

Lors de votre appel au téléphone, vous avez obtenu des informations concernant les idées de la femme au sujet de ce que vous ferez ensemble.

Arrêtez d'essayer de trop lui plaire et n'oubliez pas de faire aussi quelque chose que vous aimez. Trop souvent, les hommes font et parlent des mêmes choses pour tenter de plaire à une femme, mais les femmes trouvent cela ennuyant, car c'est répétitif pour chaque homme.

Proposer de faire quelque chose de différent que vous aimez, même si c'est juste de prendre un verre sur une terrasse.

Si vous avez choisi d'aller manger au restaurant, c'est à vous de trouver un restaurant, non à la fille. C'est à vous de trouver un bon film, non à la fille. Soyez créatif et unique dans vos choix.

N'oubliez pas, qu'une des inquiétudes d'une femme est de se demander si vous allez l'inviter chez vous. Pour éviter cette inquiétude, choisissez un rendez-vous durant l'après-midi, si possible.

Si vous ne le pouvez pas, alors expliquez à la femme pourquoi vouloir l'après-midi et ainsi lui montrer que vous êtes conscient des inquiétudes possibles concernant les rendez-vous le soir.

Quelle est la meilleure attitude lors de ce premier rendez-vous ?

La courtoise et la galanterie sont de mise.

Certains hommes peuvent hésiter à insister pour ouvrir la porte, tirer une chaise parce qu'ils ont entendu certaines femmes dire « je peux le faire moi-même ». Si cela se produit, voici une réponse appropriée : « Ma mère m'a élevé à apprécier les femmes et être un gentleman ! »

Vous vous démarquez des autres hommes, vous montrez que vous êtes éduqué et ainsi, elle va se sentir spéciale, importante !

Si vous misez sur un seul rendez-vous pour être avec une femme, vous aurez peur de perdre cet unique espoir. Les femmes ressentent ce genre de désespoir et il est assez difficile de se détendre et passer du bon temps si votre bonheur repose sur le résultat d'une seule personne.

Donc, n'ayez pas d'attentes et ne laissez pas ce rendez-vous être votre seule option.

À la place, demandez-vous ce que vous pouvez apporter à cette relation pour être bien tous les deux, au lieu de vous demander ce que vous pouvez en retirer.

Comment s'habiller au premier rendez vous ?

Dans presque tous les cas, la femme sera habillée convenablement, alors habillez-vous comme un homme, donc pas de T-shirt, pas de camisole, pas de tenue d'exercice, pas de souliers de course.

Évidemment, prenez une douche avant le rendez-vous et mettez une petite quantité de parfum. Cependant, vous n'avez pas besoin de vous asperger d'Old Spice partout sur le corps.

Vos dents sont importantes, car elles démontrent une bonne hygiène en générale, assurez-vous de les brosser et de les blanchir. Assurez-vous aussi que votre haleine soit fraîche.

Finalement, aillez les cheveux propres et peignés.

Pour une femme, l'apparence (non la beauté) est importante, car elle se demande comment ses parents et ses amies verront cet homme avec elle.

Que faire lors du premier rendez-vous ?

Cette rencontre n'est pas un interview pour un emploi, c'est plutôt un moment pour s'amuser en faisant quelque chose ensemble. N'oubliez pas que le sens de l'humour a plus de valeur que le sérieux.

En premier, vous devez arriver à l'heure au rendez-vous et fermer votre téléphone.

Accueillez la femme avec les bras ouverts et non avec un petit baiser sur la joue ni avec une poignée de main terne. Soyez expressif en lui montrant que vous êtes content de la voir.

Comme ce n'est pas une nouvelle rencontre, alors vous ne pouvez pas lui dire que vous êtes inconfortable ou nerveux. Cela aura des répercussions négatives.

Doit-on apporter un cadeau lors du premier rendez vous ?

Les compliments sont des cadeaux extraordinaires, lorsqu'ils sont sincères, donc avec une preuve pour l'appuyer. Cette preuve est votre sentiment par rapport à quelque chose sur elle.

Ne complimentez jamais la beauté d'une femme, car cela n'est pas nouveau et devient fatigant pour une femme. Utilisez vos sens et soyez attentif à ce que vous aimez sur elle.

Est-ce son parfum, sa façon de s'habiller, ses souliers, ses cheveux coiffés, etc.

Mieux encore, est-ce une attitude, une façon d'être que vous aimez ?

Que faire si l'autre ne se présente pas au rendez-vous ?

Pour éviter que la femme ne se présente pas, je vous suggère de l'appeler quelques heures auparavant afin de lui donner un peu plus de détail sur ce que vous allez faire afin d'augmenter son désir et son excitation.

Si vous avez peur de faire cet appel, c'est que vous craignez qu'elle ait changé d'idée et ne vienne pas au rendez-vous. Si c'est le cas, alors vous aurez épargné d'attendre longtemps seul et vous sentir malheureux.

Y a-t-il des sujets à éviter lors d'un premier rendez vous amoureux ?

Ne lui demandez jamais de parler de son ex ni vous de parler de votre ex. N'y a-t-il pas d'autres sujets de conversion plus positifs et intéressants ?

Évitez de parler sur des sujets trop monotones comme le temps, le travail et la famille, mais optez pour des choses qu'elle se passionne.

Si vous parlez des autres, alors vous semblez oublier l'importance des gens présents, donc elle et vous.

La femme n'est pas impressionnée par votre travail, votre voiture, votre carrière, vos animaux de compagnie, votre passé, votre argent, votre maison, etc. Ne parlez pas de vous ni de vos exploits avant qu'elle ne fasse la demande et soyez humble.

Pas de vantardise à votre sujet ni de comparaison de supériorité, car la meilleure façon d'impressionner une femme est de ne pas essayer de l'impressionner.

Évitez aussi de ne pas prendre trop d'alcool.

Quels sont les sujets de conversation au premier rendez vous ?

Vous êtes là à vous amuser, à passer du bon temps, non à vous interroger, alors ne misez pas trop sur une conversation sérieuse, mais sur une conversation agréable et rire de vous-même.

Soyez une bonne oreille attentive, laissez-la parler, soyez attentif, présent et intéressé par ce qu'elle dit.

Posez plus de questions sur les sujets qu'elle aime parler ou sur ce que vous aimerez savoir. Répondez à ses questions, mais ne vous élaborez pas trop dans les détails et revenez à ce qu'elle aime parler.

Peut-on s'embrasser au premier rendez vous ?

Pour savoir si la femme a un intérêt pour vous, il faut simplement voir si la distance devient de plus en plus courte entre vous et elle **sans que vous approchiez**.

Ainsi, si elle vous touche le bras plusieurs fois, vous savez qu'elle est très bien avec vous et c'est l'indication qu'un premier baiser n'est pas loin.

Si vous observez un signal puissant que la femme a beaucoup d'attirance pour vous et aime être avec vous, alors allez-y et embrassez-la.

Sinon un simple baiser sur les joues fera l'affaire à la fin du rendez-vous.

Quel signe indique que votre premier rendez-vous est réussi ?

Si vous voulez revoir une femme, alors **payez ce qu'il y a à payer** dans ce premier rendez-vous. Ne vous offrez pas de payer, mais payé tout simplement.

Arrêtez de croire que c'est 50 % - 50 %. Les femmes adorent quand on paye et celles qui disent le contraire sont des menteuses qui tentent de se croire à la hauteur.

Si la femme veut vraiment payer sa part, alors insistez et dites-lui « Ma mère m'a éduqué à prendre soin d'une femme sans me faire abuser et ici je ne me fais pas abuser, car ça me fait plaisir de payer. »

Cependant, si après quelques rencontres, la femme ne propose jamais de payer, alors il y a quelque chose à faire attention.

Avoir un autre rendez-vous est la preuve qui permet de savoir si ce rendez-vous est réussi.

Préparez le prochain rendez-vous à la fin du premier rendez-vous

N'attendez pas que le rendez soit terminé et proposez à la femme de vous revoir. Ne jouez pas le jeu de faire attendre l'autre, mais soyez vrai.

Vous devez terminer le rendez-vous avant que la femme le termine. « Je n'aime pas mettre fin à quelque chose d'agréable, mais je dois partir chez-moi ».

Vous devez la contacter le lendemain afin de lui dire combien vous avez aimé votre rendez-vous et ainsi parler du prochain.

Comment savoir si l'autre vous aime sans lui demander ?

Un couple de sourd et muet n'a pas besoin de mots pour savoir s'ils aiment, car l'amour est un état d'être naturel en action !

N'est-il pas curieux de voir autant de femmes avoir besoin de preuves d'amour en forçant les hommes à leur dire « je t'aime » ?

Vous aimeriez savoir si un homme vous aime sans lui demander ?

Alors observez ses actions et vous n'aurez pas besoin de preuves verbales.

Les mots d'amour sont bien, mais les actions aimables sont un choix beaucoup plus élevé dans une relation amoureuse, car elles ne peuvent tromper ou cacher la vérité !

Quelle est votre intention de savoir si un homme vous aime ?

Écoutez-vous trop de films d'amour ? Lisez-vous trop de romans savon ? Discutez-vous trop souvent avec les mêmes types de femmes, qui vous font croire que les mots sont ce que l'amour est ?

L'amour n'a rien à voir avec le savoir ni les connaissances apprises ni les paroles dites. Observez un enfant de six mois et vous aurez la preuve indiscutable de ce qu'est l'amour !

Mais pourquoi cette intention de savoir ?

Si vous voulez savoir si un homme vous aime sans lui demander, c'est que vous croyez que les mots « je t'aime » sont suffisants comme preuve d'amour pour vous.

Ou bien, vous avez peur de lui dire que vous êtes bien et affronter un risque potentiel qu'il n'ait pas les mêmes sentiments que vous !

En vérité, c'est que vous doutez de votre capacité de comprendre l'intérieur d'une personne, car probablement, vous n'avez jamais été attentive à votre propre intérieur.

Avez-vous oublié, que ce qui compte le plus dans une relation d'amour n'est pas de dire le fameux « je t'aime », mais bien les actions aimables qui proviennent d'une conscience aimable ?

Les actions sont les preuves d'amour

Les hommes en général font beaucoup d'actions aimables lorsqu'ils débutent une relation amoureuse avec une femme. Vous vous sentez bien et l'homme aussi.

Et pourtant, il n'a pas eu à vous dire « je t'aime » afin que vous vous sentiez bien.

Êtes-vous aveuglée par les mots ?

Faites-vous des actions, des gestes aimables envers l'homme ou vous vous contentez de croire que les mots sont ce qui compte le plus comme dans les films que vous regardez ?

Voyez-vous, votre homme fait des actions aimables, mais vous croyez que les actions aimables sont des paroles comme « je t'aime ».

Parce que vous avez déjà commencé à avoir peur de perdre cet amour dès vos premiers « je t'aime », alors vous cherchez des moyens pour le retenir, l'obliger à rester avec vous, à vous aimer et vous croyez que les mots d'amour seront la solution.

Vous créez des inquiétudes et des peurs que vous transmettez à votre homme dans la relation sans vous en rendre compte.

Est-ce que l'amour de l'homme doit se changer en des paroles ?

Une fois que vous avez des sentiments pour cet homme, alors vous commencez à avoir peur de perdre votre bonheur.

Vous cherchez alors à obliger ou à forcer votre homme à vous dire souvent « je t'aime », à exprimer ses émotions comme vous dites, mais vous n'observez pas qu'ils les expriment beaucoup plus que vous avec des actions et non des paroles qui elles, sont trompeuses.

Les actions ne mentent jamais et permettent de voir les véritables intentions.

En d'autres termes, vous préférez vous faire plaisir avec les mensonges, avec les mots, au lieu des vérités, des actions aimables !

Votre homme vous aime, mais il devient confus et alors il commence à croire que ce sont les mots d'amour qui sont plus importants pour la femme, et non les actions aimables.

Il se transforme malheureusement pour satisfaire sa femme...

Vous croyez ensuite que votre homme a changé pour le pire et pourtant, c'est vous qui vouliez que votre homme change.

Votre solution est que votre homme vous imite, donc qu'il vous dise qu'il vous aime et ainsi ne plus faire d'actions aimables, selon vos ordres.

Avez-vous oublié d'être aimable avec votre homme ?

Pourquoi cherchez-vous à accumuler de plus en plus de mots concernant l'amour au lieu d'accumuler de plus en plus d'actions aimables ?

Croyez-vous à tort, qu'exprimer ses émotions est ce que l'amour est ?

Exprimer ne veut pas dire de « parler », mais bien de « faire » sortir quelque chose de l'intérieur vers l'extérieur.

Faire comporte trois choses : Penser, parler et agir.

Quand il y a une action aimable, il est certain qu'il y a eu une pensée aimable et une parole aimable. Cependant, quand le « faire » se limite à une parole comme « je t'aime », alors la vérité est souvent le contraire.

Par conséquent, l'action aimable est la **seule preuve** qui compte pour déterminer si un homme vous aime. Vos actions aimables sont aussi les preuves qui démontrent si vous aimez un homme. Les paroles sans action sont des masques inconscients pour bien paraître, tout comme des politiciens !

Vous avez oublié d'être aimable avec votre homme, car vous avez imité des gens qui ne le sont pas et qui utilisent des mots pour compenser ou pour se justifier ?

Observez-vous d'abord !

Le secret que presque tout le monde oublie pour savoir si l'autre vous aime est de commencer par vous observer d'abord.

Pourquoi débuter avec soi-même ? Tout simplement que si vous l'expérimentez vous-même, vous allez connaître votre vérité et ainsi connaître la vérité des autres plus facilement, même sous les apparences des mots.

Quand on connaît par expérience personnelle quelque chose, alors personne ne peut nous manipuler ou nous tromper avec des mots sans action !

Mais que veut dire au juste s'observer ?

C'est être attentif à trois choses :

1. **Votre fait d'être.** Pour être attentive à votre fait d'être, vous devez vous poser une simple question comme : « Qu'est-ce que je suis entrain de sentir maintenant ? » Votre fait d'être est un résultat, un sentiment de bien ou de mal provenant d'une expérience à partir de la réalité extérieure !

2. **Votre état d'être.** Pour être attentive à votre état d'être, vous devez vous poser une simple question comme : « Qu'est-ce que je choisis d'être ? » Votre état d'être est votre motivation à partir d'un choix libre entre votre fait d'être (sentiment) et votre nouvel état d'être !

3. **Votre état de faire.** Pour être attentive à votre état de faire, vous devez vous poser une simple question comme : « Quelle est mon intention, qu'est-ce qui m'intéresse le plus d'avoir ou de vouloir à partir de mon choix d'être ? » Votre état de faire est l'expression de votre choix d'être dans la réalité extérieure au moyen de la pensée, la parole et l'action !

S'observer, c'est aussi se connaître dans la relation et avoir envie de connaître les autres.

Vous voulez savoir si l'homme vous aime sans lui demander ?

Alors pourquoi ne pas lui demander indirectement : « Qu'est-ce que les hommes n'aiment pas dans une relation amoureuse avec une femme ! »

Ainsi, vous découvrirez ce que lui n'aime pas en parlant des autres et ainsi savoir ce que vous pouvez faire d'aimable pour son bien-être et ainsi le vôtre, car un homme qui est bien, va tout faire pour que vous le soyez.

Les paroles sont un choix bien, mais les actions sont un choix plus élevé !

La déclaration d'amour

Est-ce que l'amour s'enfuit au premier « je t'aime ? »

Ne trouvez-vous pas cela inquiétant qu'une certaine crainte s'installe en nous, quand on déclare notre amour à l'autre !

Dès le moment où nous exprimons à l'autre notre plus grand amour, alors nous créons inconsciemment, notre plus grande peur dans notre vie, car nous voulons mettre du toujours, avoir des garanties, de la sécurité pour ne pas perdre cette personne.

Par conséquent, l'amour se change immédiatement en peur et c'est le début des malheurs et des conflits en cherchant des moyens, des solutions pour obliger l'autre à rester en relation.

La durée en temps ne fait pas la réussite d'une relation amoureuse

La plupart des gens croient que la réussite d'une relation d'amour, de couple se mesure par le nombre d'années ensembles.

Un homme et une femme peuvent passer 50 ans à vivre dans la routine, l'ennui, l'indifférence, le mensonge, la peur, la culpabilité, la violence et la soumission.

Bref, être profondément malheureux, mais se bonder le torse d'orgueil en montrant aux autres, leur réussite de couple au moyen des années accumulées.

Rien n'est plus éloigné de la vérité !

Vous semblez vouloir dire que l'attachement à une relation en fait une réussite. Mais pourquoi confondre longue durée avec travail bien fait ?

Cela ne signifie pas qu'il faut privilégier les relations à court terme, cela signifie que le temps n'est pas un facteur de bien-être, de joie, de réussite.

En fait, vous vous imposez des attentes, des obligations en cherchant à prouver aux autres, que vous vous aimez au moyen d'une mesure en temps. Cela est la source de toutes vos inquiétudes et de tous vos malheurs.

Pourtant, si vous êtes bien, si vous êtes attentif, compatissant, conscient, juste et sans aucune forme de contrôle, alors jamais vous n'allez vous inquiéter de perdre l'autre.

Et si cela arrive, vous ne vivrez pas de peine d'amour ni de rejet, car vous saurez que votre liberté, votre joie n'est pas de vivre une vie de désespoir tranquille.

Est-ce que les obligations détruisent l'amour ?

Ainsi, à l'instant où vous déclarez votre amour à l'autre et l'autre à vous, alors par habitude apprise, vous cherchez des moyens pour retenir l'autre, pour ne pas perdre cet amour.

Les mots « je t'aime », « j'ai besoin de toi » peuvent être agréables à entendre, mais au fond de votre esprit, un doute s'installe, une crainte que l'autre puisse vous laisser, n'est-ce pas ?

À partir de cet instant, vous commencez à oublier votre joie d'avoir envie d'être avec l'autre, d'être aimable avec l'autre, comme vous l'étiez avant de lui dire le fameux « je t'aime ».

Votre esprit est maintenant occupé à chercher des moyens pour ne pas perdre l'autre et créer une profonde habitude en ce sens. Comprenez-vous ce qui se passe en vous ?

C'est votre éducation, votre religion et vos traditions qui vous ont conditionné l'esprit à croire à tort, que l'amour était une obligation de l'autre à vous rendre heureux ou heureuse et ainsi oublier votre propre bien-être par cette idée de dépendance qui divise la relation.

Par conséquent, vous êtes convaincu avoir besoin d'amour et non d'offrir votre amour à l'autre sans obligation ni condition.

Ne faites jamais rien, dans une relation, par sentiment d'obligation.

Avez-vous réfléchi concernant le but d'une relation d'amour ?

La plupart des gens entrent dans une relation de couple en ayant à l'esprit ce qu'ils peuvent obtenir, ce qu'ils peuvent recevoir ou en tirer, plutôt que ce qu'ils peuvent offrir, ce qu'ils peuvent y apporter.

Dans cette situation, vous êtes en attente de ce que l'autre fait pour vous et ainsi, oublier vos propres actions aimables envers l'autre et envers vous.

Ainsi, vous venez à croire que votre bonheur dépend de ce que l'autre fait et vous donne pour votre satisfaction personnelle.

Ces satisfactions ont permis de mesurer combien l'autre a été à la hauteur de votre bonheur, et à quel point vous avez été à la hauteur du bonheur de l'autre. Mais ce qui compte vraiment dans une relation est de voir à quel point vous êtes à la hauteur de votre bonheur.

Le but d'une relation amoureuse est de décider ce que vous aimeriez voir apparaître de vous, et non quelle part de l'autre vous pouvez vous approprier et retenir.

Pouvez-vous débuter une saine relation d'amour ?

Pour presque tout le monde, l'amour dans une relation est une réponse, une réaction habituelle à l'accomplissement de besoins.

Vous avez besoin de quelque chose et l'autre a besoin d'autre chose. Chacun observe dans l'autre une occasion de combler ses propres besoins.

Alors, vous cherchez à vous entendre pour faire un échange et vous obliger à respecter des conditions, des promesses, des engagements pour tenir l'autre en otage.

Cela n'est pas l'amour, mais une version contrefaite par un esprit craintif qui a peur de perdre l'autre. Comprenez-vous ?

Mais si vous êtes d'accord tous les deux, que votre relation d'amour a pour but de créer une occasion et non une obligation, pour évoluer ensemble, de vous exprimer sans jugement ni critique ni négation, d'avoir l'intention de comprendre vos inquiétudes et vous guérir de toute pensée fausse ou toute idée qui limite votre liberté, alors votre relation débute sur le bon pied.

Si vous êtes conscient aussi que les problèmes sont des opportunités déguisées afin de choisir de créer de magnifiques et nouvelles expériences, alors jamais vous n'allez vous voir comme des adversaires, mais comme des partenaires afin de vous connaître tel que vous êtes et ainsi choisir un état d'être qui vous convient, qui vous intéresse.

La relation existe pour vous connaître et non pour obtenir quelque chose de l'autre afin de croire que cela vous rend heureux.

Lorsque votre bonheur dépend des autres, alors vous vivez dans la peur continuelle, la peur de perdre ce que vous croyez essentiel à votre bonheur.

L'amour de votre vie ne se trouve pas, il entre en existence dans votre vie, lorsque vous comprenez que l'amour est ce que vous êtes et non ce que l'autre vous apporte pour votre bien-être.

Soyez aimable et juste avec l'autre sans avoir d'attentes en retour et vous serez l'amour dans la vie de l'autre et par conséquent, l'autre sera l'amour de votre vie.

Faites aux autres, ce que vous aimeriez que l'on vous fasse et pour cela, l'âge n'a aucune importance !

www.ingramcontent.com/pod-product-compliance
Lightning Source LLC
LaVergne TN
LVHW051837080426
835512LV00018B/2937